사회를 달리는 십대

사회·문화

사회를 달리는 십대

사회·문화

황정숙·송현정·옹진환·이상인 지음

우리학교

프롤로그

익숙한 것, 그 너머를 보려면

나는 세상을 어떻게 바라보고 있는가? 세상을 바라보는 관점은 어떻게 만들어질까? 세상을 보는 나의 렌즈 바깥에는 어떤 것들이 있을까? 사람은 누구나 자신이 경험해 온 '익숙함'을 토대로 세상을 이해한다. 하지만 때로는 그 익숙함이 고정 관념이 되어 관점을 흐리고 누군가를 배제하는 폭력적인 결과를 낳기도 한다. 그렇기에 사회 속에서 다른 사람들과 함께 살아가려면 다양한 삶의 방식을 존중하면서 나의 관점을 지속적으로 성찰할 필요가 있다. 물론 쉬운 일은 아니다. 익숙함을 벗어난다는 것은 의식적인 노력이 필요하고, 때로는 자신이 옳다고 생각했던 기준이나 가치가 틀렸음을 인정해야 하는 일이기 때문이다. 하지만 우리가 익숙한 것 너머를 보려 하지 않는다면, 더 나은 세상은 불가능한 꿈이 될 것이다.

능력주의, 가짜뉴스, 포퓰리즘, 혐오, 성평등, 선거까지, 이 책이 담아낸 여섯 가지 주제는 우리 일상과 긴밀하게 연결된 사회 현상이자 익숙한 문화이기도 하다. 이는 공정성, 진실과 거짓, 민주주의, 차별과 배제를 둘러싼 다양한 논의와도 연결되어 있다. 이러한 논의에 동참하는 사람이라면 누구나 수많은 정보와 다양한 논

쟁 속에서 무엇이 참이고 어떤 관점이 더 타당한지, 궁극적으로 어떻게 판단하고 행동할지 고민하게 될 것이다. 이 모든 과정은 어느 것 하나 만만치 않지만, 누구에게도 미룰 수 없는 우리의 몫이다. 이 책은 당연한 듯 일상 속에 미묘하게 녹아든 여러 현상을 다각도에서 들여다보며, 자신의 관점을 돌아보고 넓혀 갈 기회가 될 것이다.

저자들 역시 저마다 다른 관점과 생각을 나누고 검토하며 글을 썼다. 내 안의 편견을 확인하는 괴로움과 시야가 넓어지는 기쁨을 동시에 맛보는 시간이었다. 이 책을 읽는 청소년 독자들도 우리 사회에 내재한 여러 문제에 관심을 기울이고 자신과 다른 의견을 가진 사람들과 더 많은 이야기를 나누며, 그 과정에서 갇힌 세계를 뚫고 나가는 즐거움을 느낄 수 있기를 바란다.

2021년 5월

저자 일동

차례

1

능력주의

생각 열기 툰

자, 공정하게 뽑기 위해 똑같은 시험을 볼게요.
종이 울리면 나무 오르기를 시작하세요!

한 가지 잣대로
모든 걸 결정하는 건 너무해!
도대체 기준은 누가 정하는 거야?
어항 속 물고기 마음이
내 마음이야.

자, 이번엔 더 공정하게 평가할 거예요. 사람은 사람끼리, 개는 개끼리, 코끼리는 코끼리끼리 말이죠. 자신이 가진 능력을 사용해 꼭대기에 도착하면 이깁니다! 엄청나게 공정하죠?
난 미리미리 준비하며 열심히 노력했어. 네가 놀고 게임 할 때도 학원 가고 과외 했지. 네가 외줄 타는 건 다 네 탓이야.
비싼 학원비 낸 거랑 족집게 과외 선생님 구한 게 네 능력은 아니잖아? 넘어지지 않고 계단을 오르는 게 네 능력일지는 몰라도, 그 계단은 네 능력으로 만든 게 아니라고.

이 경주가 공정하지 않은 이유

불운한 자와 실패한 자,
당신의 선택은 어느 쪽입니까?

17세기 조선에 살던 섭이는 재능이 뛰어나고 성실하지만, 노비라는 단 한 가지 이유로 뜻을 펼칠 수 없는 현실에 체념하며 살았습니다. 신분에 따른 제약이 많은 시대였으니까요. 21세기 대한민국에 사는 지우는 학업 성적도 운동 실력도 친구들보다 한참 뒤처져 주눅이 든 모습으로 지냅니다. 능력만 뛰어나면 인정받을 수 있는 시대인데 말이죠.

여러분은 섭이와 지우의 삶 중에서 어느 쪽이 더 낫다고 생각하나요? 신분제가 단단히 자리 잡은 사회에서는 섭이처럼 하층 계급으로 태어난 사람들은 재능이 있어도 뜻을 펼칠 기

김홍도, 〈벼 타작〉, 『단원풍속도첩』, 18세기 후반. 신분제 사회였던 조선과 모든 국민이 평등한 21세기의 대한민국은 전혀 다른 모습일까?

회가 보장되지 않았어요. 귀족이나 양반 가문에서 태어나지 못하면 '불운한 사람'으로 살아갈 수밖에 없었죠. 그렇다면 지우와 우리가 사는 지금의 시대는 어떨까요? 현대 사회에서는 재능을 바탕으로 노력해서 치열한 경쟁을 뚫고 이긴 사람들만이 사회적 지위와 부를 거머쥘 수 있습니다. 지우처럼 경쟁에서 뒤처지면 '실패한 사람'으로 살아갈 가능성이 크죠.

여러분에게 둘 중 어떤 사회에서 살고 싶은지 묻는다면, 대부분 '실패한 자'로 살아갈 위험을 감수하고서라도 오늘날을 선택하지 않을까요? 섭이가 사는 사회에서는 아무리 애써도 능력만으로 성공하기 어렵지만, 지우가 사는 사회는 자신의 재능과 노력을 발휘할 기회가 보장되어 있으니까요.

오늘날 많은 사람이 세습적인 신분제 사회보다 능력대로 대우받는 지금의 사회가 훨씬 더 공정하다고 믿습니다. 부모의 사회적 지위와 부를 자녀에게 대물림하는 세습의 원리 대신, 개인의 능력과 노력이 사회적 지위와 부를 결정해야 한다는 원리가 당연하게 자리 잡았죠. 일반적으로 사람들은 혈통이나 가문 등의 타고난 배경이 아니라 개인의 재능과 노력에 따라 보상받는 사회가 공정하고 건전하며 이상적이라고 생각해요.

그런데 누군가가 이런 질문을 던집니다.

“불운한 사람으로 사는 것보다 실패한 사람으로 사는 것이 과연 더 나을까?”

재능과 노력으로 성취하는 사회가 더 공정할 뿐만 아니라 그 결과로 발생하는 불평등과 차별조차도 받아들여지는 마당에 이런 질문을 던지다니, 이해하기 어렵다고요? 하지만 실패한 사람으로 살아가는 삶이 어떨지 구체적으로 상상해 본다면, 그쪽이 더 낫다고 쉽게 말할 수 없을 거예요. 섭이는 부당한 사회 제도를 원망했겠지만 자기 자신을 탓하지는 않았겠죠. 반면에 지우는 자기 자신을 원망하고 부끄러워하면서 다른 사람의 모욕적인 평가와 시선 속에서 살아가야 할지도 몰라요.

자, 다시 질문하겠습니다. 재능과 노력으로 성취하는 사회는 많은 사람이 믿듯이 정말 ‘공정한’ 사회일까요?

평등한 듯 공정한 듯, 능력주의의 등장과 지배

재능과 노력으로 사회적 지위와 부가 결정되는 사회 원리에 최초로 비판적인 질문을 던진 사람은 영국의 사회학자 마

메리토크라시
'능력주의'로 번역되지만, 정확히는 '능력자가 지배하는 체제'를 뜻한다. 타고난 혈통, 신분, 계급이 아니라 능력에 따라 사회적 지위나 권력을 얻는 사회를 추구한다.

이클 영(Michael Young)입니다. 1958년, 영은 메리토크라시(meritocracy), 즉 '능력주의'라는 단어를 처음 만들어 냈어요. 그는 『능력주의(The Rise of the Meritocracy)』라는 책에서 능력주의가 지배하는 미래 사회를 그려 내는 동시에 그러한 사회가 지닌 문제점과 위험성을 경고했어요. 영이 말하는 능력주의가 지배하는 사회란, 타고난 신분의 귀족 계급이 권력을 쥐거나 부를 기반으로 정치가 이루어지는 사회가 아니라 개인의 능력과 노력에 따라 선별된 현명한 소수가 이끄는 사회입니다. 그는 '지능(IQ) + 노력(effort) = 능력(merit)'이라는 도식을 제시하는데, 여기서 능력이란 말 그대로 '타고난 지능'과 '후천적 노력'이 결합한 결과를 뜻해요.

영은 철저하게 지능 지수와 시험 결과로 측정된 개인의 능력에 따라 운영되는 사회가 어떤 모습일지 상상한 바를 펼쳐 보입니다. 능력 있는 자가 지배하는 사회는 처음에는 매우 공정해 보이지만, 능력에 따른 위계질서가 확립되면 엘리트 계급이 자신들보다 아래에 있는 사람들을 능력이 부족하다는 이유로 억압하고 탄압하며 노골적으로 경멸하게 된다는 거예

요. 그렇게 점차 승자 독식과 약육강식의 논리가 지배하는 무자비한 사회가 될 것이라고 암울한 전망을 제시합니다. 영이 이야기하는 능력주의는 어떤 면에서는 새로운 형태의 귀족제로도 보이죠.

그런데 영의 의도와 달리 능력주의는 미국과 영국을 비롯한 서구 사회에서 긍정적인 이상으로 확산되었고, 오늘날에 이르러서는 확고한 핵심 이념이자 이상으로 자리 잡았어요. 1997년 영국 총선에서 노동당 출신으로서 보수당의 오랜 집권을 끝내며 승리한 토니 블레어(Tony Blair)는 "새로운 영국은

아이비리그
미국 북동부 지역에 있는 하버드, 예일, 펜실베이니아, 프린스턴, 컬럼비아, 브라운, 다트머스, 코넬 등 8개의 명문 사립 대학을 가리킨다.

능력주의가 지배한다."라고 선언하기도 했죠. 특히 미국에서는 대학 교육을 중심으로 능력주의가 구현되기 시작했어요. 오늘날 미국의 대입 자격시험인 SAT는 1930년대에 하버드 대학교 총장이었던 제임스 코넌트(James Conant)가 신분이나 소득에 상관없이 능력 있는 학생들에게 아이비리그에 입학할 기회를 주고자 주도적으로 도입한 제도입니다. 과학적으로 입증된 시험을 개발해 모든 학생의 지능을 공정하고 냉정하게 평가함으로써 대학 입학에 작용할 수 있는 학부모의 사회적·경제적 지위, 인종 차별, 명문 학교 졸업의 영향력 같은 요소를 배제한 것이죠. 코넌트는 SAT를 제대로만 운영하면 계급이 없는 이상적인 나라에 좀 더 가까이 다가가게 되리라 생각했어요.

코넌트의 말대로 사회가 개인의 능력과 노력에 따라 사회적 지위와 부를 배분하는 방식은 공정할 뿐만 아니라 효율적으로도 보입니다. 성과에 따라 보상받을 때 사람들은 더 많은 보상을 받으려 노력할 테고, 자연스레 사회적 생산성도 향상될 테니까요. 이처럼 능력주의는 누구나 공정하게 자아를 실현할 기회를 얻고, 전체적으로 평평해진 운동장에서 자유롭게 능력을 발휘할 수 있게 한다는 목적으로 우리 사회에 등장했습니다.

그런데 이토록 공정하고 이상적으로 보이는 능력주의가 영이 우려했던 대로 오늘날 많은 논쟁을 일으키고 있습니다. 도대체 능력주의에는 어떤 문제점이 있는 걸까요?

더는 개천에서 용이 나올 수 없는 세상

한때 우리나라에서는 "개천에서 용 난다."라는 말이 자주 쓰였습니다. 집안 사정이 변변찮아도 능력 있고 노력만 하면 누구든 성공할 수 있다는 믿음에서 비롯한 말로, 많은 사람에게 희망을 주기도 했죠. 그런데 오늘날 이 말에 공감하는 사람이 얼마나 될까요? 몇 년 전부터 청년 세대를 중심으로 유행하기 시작한 이른바 '수저 계급론'이 있어요. 부모에게서 물려받은 부에 따라 사회적 계급이 나뉘는 현실을 빗댄 신조어죠. "금수저(또는 흙수저)를 물고 태어났다."라고 흔히 표현하는데, '금수저'는 돈 많고 능력 있는 부모를 둔 사람, '흙수저'는 돈도 집안 배경도 변변찮은 사람을 가리켜요.

가구 소득 수준별 1인당 월평균 사교육비

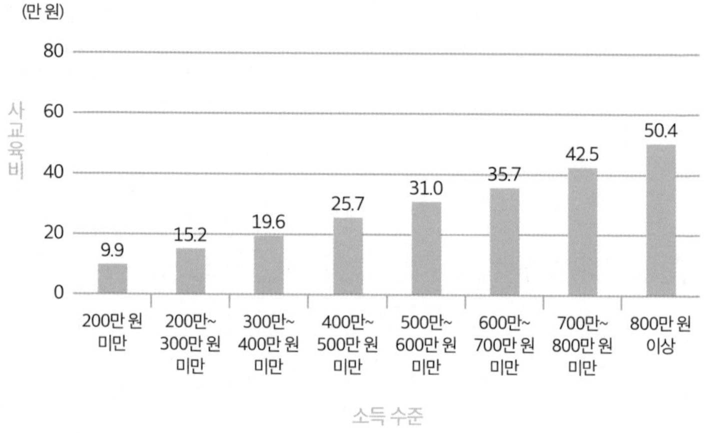

◎ 출처: 「2020년 초중고 사교육비 조사 결과」, 통계청·교육부, 2021.

수저 계급론을 객관적으로 뒷받침하는 보고서도 있습니다. 2016년 한국 보건 사회 연구원이 전국 성인 남녀 4000명을 대상으로 진행한 면접 조사 결과를 토대로 분석한 보고서에 따르면, 아버지의 학력이 높을수록 자녀의 학력도 높았어요. 부모의 학력이나 사회적 지위가 낮은데 자녀의 학업 성적이 우수할 확률은 연령대가 내려올수록 낮아졌고요. 통계청과 교육부의 '2020년 초중고 사교육비 조사' 결과에서도 고소득층과 저소득층의 학생 1인당 사교육비 지출이 최대 다섯 배 이상 차이 났어요. 가구의 소득 수준이 높을수록 사교육비 지출과 참여율이 높게 나타났죠. 부모의 소득 수준에 따른 사교육비 격차는 학력 격차로 이어질 가능성이 큽니다.

아니, 어째서 계급 사회나 다름없는 현상이 일어나는 걸까요? 우리가 능력주의에 기대한 대로라면, 자녀의 학업 성취와 부모의 사회적·경제적 지위는 관계가 없어야 하지 않을까요? 문제는 능력주의가 현실에서 제대로 실현될 수 없다는 데 있습니다. 부모의 부와 재산, 사회적 지위와 인맥 등이 여전히 개인의 재능과 노력의 산물에 크게 영향을 끼치기 때문이죠. 대학이 오로지 능력에 따라 학생을 선발한다고 해도, 밑바탕에 부모의 부와 좋은 인맥을 둔 학생들이 그렇지 못한 학생들보다 훨씬 나은 환경에서 대입을 준비할 가능성이 크니까요.

평등한 기회를 추구하며 만들어진 SAT도 도리어 기득권층에게 유리하게 작용하며 차별을 강화한다는 지적을 받고 있습니다. SAT 성적순으로만 신입생을 뽑을 때 소득 상위 가정 출신의 학생이 늘어나고, 소득 하위 가정 출신의 학생은 줄어든다는 연구 결과도 있어요. 2015년 미국 교육 전문 매체 〈인사이드 하이어 에드〉에 따르면, SAT 과목별(읽기, 쓰기, 언어 및 수학)로 가구 소득이 2만 달러 미만인 가정 출신 학생들의 평균 점수가 가장 낮은 반면, 가구 소득이 20만 달러를 초과한 가정 출신 학생들의 평균 점수가 가장 높게 나왔어요. 학생의 성적이 결국 부모의 경제력과 밀접한 관계가 있다는 것이죠. 하버드 대학교 교수인 마이클 샌델(Michael Sandel) 역시 SAT가 본래의 목적과 다르게 또 다른 불평등을 심화한다는 점을 꼬집습니다. 이에 대한 논란이 계속되자 미국의 50개 이상 대학은 입학 전형 필수 요건에서 SAT 같은 평가 시험을 제외하겠다고 결정했어요.

이러한 문제의식을 가진 사람들은 능력주의를 제대로 실현하려면 공정한 기회에 부당한 영향을 끼칠 만한 요인을 제거하고 현실을 개선해야 한다고 주장합니다. 차별적 교육 기회,

불평등한 사회적 자본과 문화적 자본, 특권의 상속과 부의 세습 등 제대로 된 능력주의의 실현을 방해하는 요인들을 모두 제거해야 한다는 뜻이죠.

하지만 그게 과연 가능할까요? 격차를 어느 정도 완화할 수 있을지는 몰라도 모두에게 전적으로 공정한 기회를 보장하기는 현실적으로 어렵습니다. 부모가 가진 경제적·문화적 자본이나 인맥 등의 영향력을 완벽하게 차단하기란 거의 불가능하니까요.

승자가 더 많이 가져가는 게 공정할까?

모두 같은 출발선에 선 듯 보이지만, 어떤 이들은 내가 선 출발선보다 한참 앞서 달리기 시작하는 현실 속에서 우리는 '능력'이 과연 공정한 잣대가 될 수 있는지 다시 생각해 보게 됩니다. 더군다나 부모의 영향력만이 남들보다 앞서 출발할 수 있는 행운을 가져다주는 것도 아닙니다. 운 좋게 부유한 집안에서 태어난 것처럼 운 좋게 특출한 재능을 타고난 이들도 있으니까요. 부유한 환경의 혜택이 정당하지 않다면, 우연히 타고난 재능으로 누리는 보상도 정당하다고 보기 어렵지 않을까요?

태어난 시기, 즉 시대적·사회적 상황도 빠뜨릴 수 없는 행운의 요인입니다. "시대를 너무 앞서간 불운의 천재"라는 말을 들어 보았을 거예요. 뛰어난 재능이 있었어도 시대를 잘못 만난 탓에 뜻을 펼치지 못했거나 뒤늦게야 재능을 인정받은 사람들을 가리켜 쓰는 말이죠. 세계적인 축구 선수 리오넬 메시(Lionel Messi)는 2017년부터 4년간 약 7500억 원의 보수를 받았다고 해요. 주급으로 따지면 약 39억 원이나 되죠. 메시가 이만큼 어마어마한 연봉을 받는 것은 뛰어난 축구 실력 덕분이라고 할 수 있어요. 하지만 그 실력을 인정받고 보상받을 수 있었던 것은 축구라는 스포츠가 존재하고 프로 리그가 활성화된 시대에 메시가 살고 있기에 가능한 일이에요. 오랜 시간 발전해 온 축구 교육과 기술, 축구에 열광하는 팬 문화 등의 사회적 자원이 뒷받침되지 않았다면 메시의 탁월한 능력도 빛을 발할 수 없었을 거예요. 어떻게 보면 '시대를 잘 타고난 행운의 승자'라고도 할 수 있겠네요.

메시 같은 '능력자'가 성공한 것은 그만큼의 '노력'이 뒷받침되었기에 가능한 일인데, 행운이라니 무슨 말도 안 되는 소리냐고요? 그래요, 노력이야말로 어떠한 배경이나 다른 사람

—○ 리오넬 메시가 받는 높은 연봉은 오로지 그의 재능과 노력만으로 이루어 낸 성과라고 할 수 있을까?

의 도움 없이 오롯이 개인의 힘으로 이루어 냈음을 보여 주는 정당한 기준이라고 생각하기 쉽죠. 그렇기에 많은 사람이 노력을 정당한 분배의 근거로 제시하기도 하고요. 단순히 생각하기에 노력한 만큼의 보상을 바라는 것은 정당하게 보여요.

하지만 노력의 정도를 정확하게 측정할 수 있을까요? 하루 8시간씩 공부한 A와 2시간씩 공부한 B 중 A가 더 큰 노력을 했다고 단정할 수 있을까요? 설령 두 사람이 같은 시간 동안 공부했다고 해도 집중도와 같이 보이지 않는 요소에 따라 노력의 정도가 다를 수 있어요. 즉, 사람마다 노력의 양과 질을 정확히 측정해 비교하기란 매우 어려워요.

만약 노력의 정도를 정확히 잴 수 있다고 해 봅시다. 같은 집중력으로 가장 오랫동안 공부한 사람이 가장 높은 점수를 받아야 할까요? 노력이 아무리 중요해도 '성과'로 나타나지 않으면 노력만으로 점수를 주기 어려워요. 능력주의는 노력 자체가 아니라 노력의 산물인 성과를 중요시해요. 아무리 많은 노력을 기울여도 성과가 좋지 않으면 노력만으로 보상받을 수 없죠.

이처럼 노력은 객관적으로 측정하거나 비교하기 어렵고, 공정한 보상의 기준이 되기에 불완전해요. 게다가 노력도 따지고 보면 타고난 성향의 영향에서 벗어날 수 없어요. 천성이 게으른 사람보다 부지런한 사람이 훨씬 더 수월하게 노력할 수 있으니까요. 이러한 태도(성향)는 어린 시절의 성장 배경에 따라 달라지기도 해요. 부모의 관심과 양육 방식이 자녀의 습관과 삶의 자세를 좌우할 수 있죠.

자, 능력주의 관점에서는 천재적인 모차르트와 노력파 살리에리 중 누가 더 많은 보상을 받아야 할까요? 만약 능력주의가 모차르트의 '타고난 재능'을 강조하면 근본적으로 배제하려 했던 타고난 가정 환경과 같은 우연성을 도리어 인정하는 꼴이 됩니다. 반면에 재능의 우연성을 배제하기 위해 살리에리의 '노력'만을 강조하면 성과 없는 노력을 보상해야 한다는 문제가 생겨요. 따라서 재능과 노력에 따라 보상해야 한다는 논리는 온전하게 정당화되기 어렵습니다.

불평등을 해결할 줄 알았는데 도리어 격차를 벌린다고?

완벽하게 구현된 능력주의는 마이클 영이 경고했듯이 사회적 폐해를 일으킬 수도 있습니다. 마이클 샌델은 능력주의의 이상이 '평등'의 구현이 아니라 '사회적 이동성'에 있다고 말합니다. 능력주의는 능력에 따라 사회적 지위를 서로 바꿀 수 있는지가 가장 중요해요. 사회적으로 지위가 낮은 부모에게서 태어났어도 자신의 재능과 노력으로 높은 사회적 지위까지 이동할 기회만 보장된다면, 소득이나 부의 격차는 아무리 벌어져도 상관없다고 생각하죠.

다시 말해 능력주의는 불평등을 치유하는 게 아니라 오히려 불평등을 정당화한다고 볼 수 있어요. 불평등이 정당화되면, 사회적으로 경쟁에서 패배한 사람을 무시하고 모욕하는 태도가 자연스럽게 자리 잡을 위험이 커요. 대입이나 공채 시험 등에 합격한 사람들을 "땀은 배반하지 않는다."라는 말로 우월하게 평가하고, 시험에 떨어진 사람들을 "떨어지는 데는 이유가 있다."라는 말로 능력 없고 노력하지 않는 존재로 낙인찍는 사회 풍토가 이를 뒷받침합니다. 이러한 풍토 속에서 성공한 사람들은 자신의 성취에 자부심을 느끼며 사회적으로 유용한 존재로 평가받지만, 실패한 사람들은 자신의 실패에 자괴감을 느끼며 사회적으로 무익한 존재로 무시당합니다. 능력주의에 기초한 경쟁 체제에서 낙오되면, 경제적 고통뿐만 아니라 자신이 열등하고 가치 없는 존재라는 수치심을 안고 살아가기 쉬운 것이죠.

몇 년 전 한 유력 인사의 자녀가 명문대 부정 입학에 대한 비판이 일자 SNS에 부모의 재력도 자신의 능력이란 취지의 글을 올렸죠. 최근 땅 투기로 논란에 휩싸인 공기업의 직원으로 추정되는 사람은 익명 커뮤니티에 다들 공부를 못해서 입사하지 못했으면서 왜 꼬투리를 잡느냐고 비아냥대는 글을 올렸고요. 부당하게 취한 이득까지도 모두 자신들의 재능과 노력 덕분이며 마땅히 누려야 할 특권이라고 여기는 이들의 모습은 불평등을 정당화하는 능력주의 사회에서 승자가 얼마만큼 오만해질 수 있는지를 여실히 보여 줍니다.

성과, 즉 학생은 성적에 따라, 노동자는 소득에 따라 서열화된 사회에서는 누구나 인간으로 동등하게 존중받기 어렵습니다. 소수의 승자, 일등, 능력자만이 가치 있는 사람으로 대우받고, 다수의 패자, 꼴찌, 무능력자는 열등한 이등 시민으로 밀려날 수 있어요. 사회 구성원이 서로 존중하고 배려하는 게 아니라 승자와 패자로 분류되어 서로 무시하고 혐오하는 사회적 분열이 일어나게 되죠. 무엇보다 능력주의는 사람의 가치를 소득이나 부, 사회적 지위로 환산해 평가함으로써 인간 존엄이라는 가치를 위협합니다. 자연히 높은 수입이나 사회적 지위를 획득한 소수의 사람만이 존엄이라는 가치를 누릴 자격을 얻게 될 가능성이 커요.

성공과 실패에 갇히지 않고 모두가 존중받는 사회를 만들려면

능력주의는 태어난 집안과 부모의 사회적·경제적 지위와 같은 우연적 요소가 아니라 개인의 재능과 노력으로 성공할 기회를 공정하게 보장하는 사회를 만들겠다는 약속을 제시

하며 출발했습니다. 그러나 부모의 사회적·경제적 지위가 여전히 성공 조건으로 작용하는 불평등한 현실에서 능력주의의 약속은 실현하기 어려울 뿐만 아니라 실현이 아예 불가능한 허상이 되어 가고 있어요. 그런데도 능력주의가 지금까지 우리 사회의 지배적인 원칙으로 강력한 지지를 받고 있는 것은 그보다 더 공정하고 이상적인 대안을 찾기 어려워서일 거예요. 대안을 찾기 어렵다면, 능력주의의 부작용을 최대한 완화할 방법은 없을까요?

가장 먼저 능력주의의 허상과 함정을 제대로 인식하는 데서 변화의 가능성을 만들어 낼 수 있어요. 우리는 성공한 사람들이 소득과 부, 사회적 명예와 존경을 독점하고, 성공하지 못한 사람들은 사회적 가치의 분배 과정에서 소외되는 현실을 당연하게 받아들이곤 하죠. 하지만 재능과 노력의 결합으로 얻어 낸 결과에 상당히 많은 운이 작용한다는 사실을 깨닫고 인정해야 해요. 그래야만 성공한 사람들은 지나친 자부심과 오만을 버릴 수 있고, 실패한 사람들 역시 지나친 상실감과 수치심에서 벗어날 수 있어요.

또 제도적인 차원에서도 운의 영향력을 줄이기 위한 대책을 마련해야 해요. 사회적으로 불리한 조건에 있는 저소득층 자녀들이 역량을 계발할 수 있도록 교육적 차원에서 지원해야 합니다. 결과적으로 나타나는 극심한 경쟁과 불평등을 줄이기 위한 다양한 정책 방안도 검토할 필요가 있습니다. 이를테면 명문대를 향한 과도한 입시 경쟁을 완화하는 방향으로 교육 제도를 개선해야 해요. 점수를 기준으로 일등부터 줄 세우는 방식이 아니라, 대학에서 요구하는 수학 능력의 일정 기준을 넘으면 누구나 대학 교육을 받을 기회를 주는 방식을 검토해야 합니다.

아울러 4년제 대학 학위가 없어도 사회적으로 인정받는 일자리를 얻을 수 있는 기술과 직업 훈련 프로그램을 제공해야 하고요. 이때 시장에서 저평가된 일자리가 실질적으로 어떤 사회적 가치가 있는지 새롭게 인식하고 재평가하는 과정이 전제되어야 해요. 경쟁에서 뒤처지거나 실패한 사람들의 회복을 돕는 복지 제도도 고민해야겠죠. 복지 제도의 재원을 마련하고 시행할 때는 복지 대상자를 동정의 대상으로 바라보는 게 아니라 우리가 서로 연결되어 있다는 연대 의식을 바탕으로 접근하는 게 중요해요.

무엇보다 사람을 능력에 따라 평가하는 태도를 버리고 존재 그 자체로 인정하고 존중하며 배려하는 태도를 갖추어야 합니다. 민주주의 사회에서 동료 시민으로서 서로 존중하고 연대 의식을 바탕으로 서로 배려해야만 능력주의가 만들어 내는 폐해를 극복할 수 있어요. '상호 존중'과 '배려'라는 민주주의의 기본 가치는 불평등과 분열이 일으키는 적대적 행위와 감정을 극복할 수 있는 원천입니다. 사회적 지위와 부는 희소하지만 상호 존중과 배려는 우리가 얼마든지 만들어 낼 수 있는 사회적 가치니까요.

능력주의 핫&이슈 ▼

과도한 능력주의가 일으킨 명문대 입시 스캔들

2019년 봄, 명문대 입시 스캔들이 미국 전역을 흔들었다. 대입 컨설턴트가 학부모 33명에게서 거액을 받고 그들의 자녀를 예일 대학교, 스탠퍼드 대학교, 조지타운 대학교, 서던 캘리포니아 대학교 등 최상위 대학에 합격시키기 위해 시험 감독을 매수하고 관련 증명서를 위조하고 대학 스포츠 팀 코치에게 뇌물을 주는 등의 불법 행위를 저지른 것이다. 이 사건에 연루된 학부모들도 저명한 로펌 대표, 유명 배우, 디자이너 등 다양했다.

정규직 전환에 '공정'을 외치며 반발하는 목소리들

2020년 6월, 인천 국제공항 공사는 비정규직(소방대원, 보안 검색 요원, 야생 동물 통제 요원) 중 일부를 자사 정규직으로 직접 고용하겠다고 밝혔다. 이에 공기업 취업을 준비하던 취업 준비생들이 공정하지 못한 처사라며 거세게 반발했다. 비정규직의 정규직 전환이 있을 때마다 비슷한 논란이 반복되는데, 능력주의에서 말하는 공정성의 관점을 살펴보고 비정규직이 지닌 사회적 의미와 가치 측면도 함께 생각해 볼 필요가 있다.

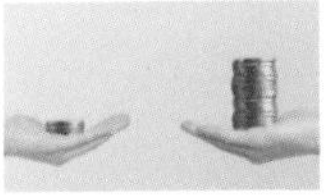

연봉 격차, 능력에 따른 공정한 보상일까?

2020년 삼성전자, SK텔레콤, 현대자동차, 엔씨소프트 등의 사업 보고서에 따르면, 이들 회사 임원(등기 이사 기준)의 평균 연봉은 직원보다 39.2배나 높게 나타났다. 직원과 CEO의 평균 연봉을 비교하면 격차는 더욱 크게 벌어진다. 오늘날의 청년 세대는 과도한 임금 격차에 반발하며 합리적이고 공정한 기준에 따른 보상을 기업들에 요구하고 있다.

능 력 주 의 토 론

재능과 노력에 따라 사회적 지위와 부를 분배해야 할까?

○ 찬성 ○

1. 재능과 노력은 무엇보다 공정한 기준이다

재능과 노력은 어떠한 배경이나 다른 사람의 도움이 배제된 자기 자신의 것이다. 따라서 개인이 재능과 노력을 발휘해 얻은 성과에 따라 사회적 지위와 부를 획득하는 것은 공정하다.

2. 재능과 노력에 따라 보상하면 사회적 생산성이 향상될 것이다

재능과 노력에 따른 성과를 기준으로 보상하는 사회에서는 구성원들이 더 높은 사회적 지위와 많은 부를 얻기 위해 자신의 재능을 더욱 갈고닦으며 노력하기 마련이다. 그러면 자연스럽게 사회적 생산성도 향상되어 우리 사회에 이득이 될 것이다.

3. 재능과 노력에 따라 보상하면 사회적 지위를 바꿀 수 있다

재능과 노력에 따른 성과를 기준으로 보상하는 사회에서는 누구든지 낮은 지위에서 높은 지위로 올라갈 기회를 얻을 수 있다. 사회적으로 지위가 낮은 부모에게서 태어났어도 재능이 있고 노력을 한다면 높은 사회적 지위로 이동할 수 있다.

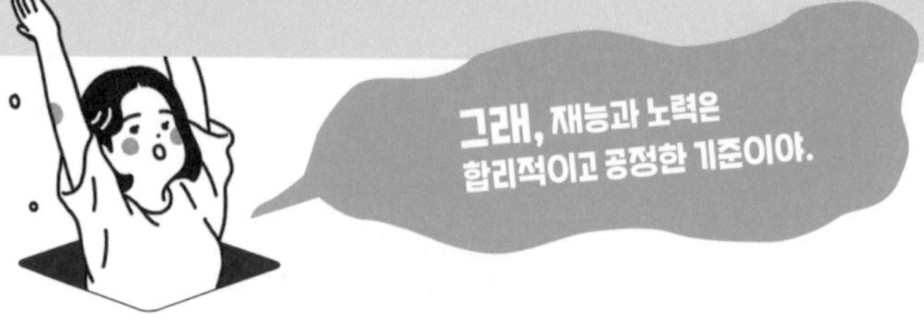

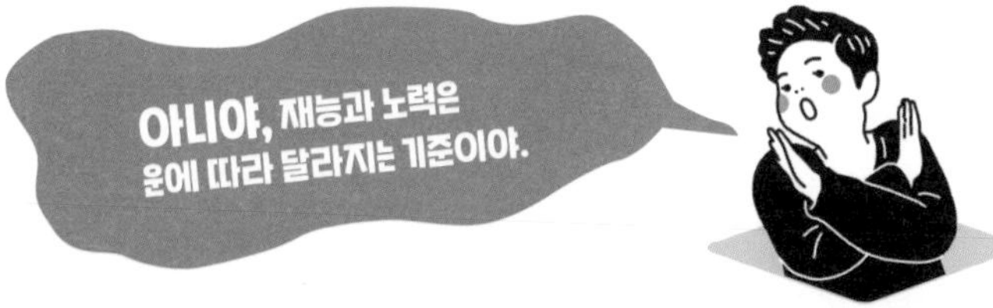

✖ 반대 ✖

1. 재능과 노력은 공정하지 않은 기준이다

오로지 개인의 것처럼 보이는 재능과 노력도 자세히 들여다보면 우연의 요소에 영향을 받는다. 부모의 지위와 부, 시대적 · 사회적 상황 등 우연한 요소는 개인이 책임질 수 없는 것이다. 따라서 재능과 노력으로 사회적 지위와 분배를 결정하는 것은 공정하지 않다.

2. 재능과 노력에 따라 보상하면 사회적 부작용이 나타날 수 있다

재능과 노력에 따른 성과를 기준으로 보상하면, 사람들은 더 높은 지위와 더 많은 부를 얻기 위해 과도하게 노동하며 경쟁할 것이다. 그에 따른 스트레스로 삶의 질은 떨어지고, 능력에 따라 격차가 벌어지는 불평등 현상이 심각해질 수 있다.

3. 재능과 노력에 따라 보상하면 능력이 세습되는 사회가 될 수 있다

신분뿐만 아니라 능력도 세습될 수 있다. 자녀의 능력은 부모의 사회적 지위와 부의 영향을 받을 수밖에 없기 때문이다. 능력이 세습되는 사회에서는 오히려 사회적 지위를 바꾸기가 더욱 어려워질 것이다.

2

가짜뉴스

생각 열기 툰

안녕, 난 전학생 피노키오.
나처럼 코가 길어진 친구를 만나러
거짓말쟁이가 판치는 곳을 찾아왔지.
반가워, 피노키오.
뭐야, 다들 코가 짧잖아.
네가 찾는 친구는
이 안에 살고 있지.

요즘 잘나가는 친구, 가짜뉴스를 소개할게.
특기는 거짓말, 왜곡, 조작, 모방…,
성격은 자극적, 선동적, 폭력적, 혐오적…,
활동지는 뉴스, SNS, 광고….
속보
OO 씨와 XX 씨 깜짝 열애!!
OO의 효능 사실로 밝혀져!
ㅋㅋㅋㅋ

가짜뉴스랑 가까이 지내더니
차원이 다른 거짓말에 충격받아서
반성하고 사람 됐대.

거짓과 진실 사이를 떠도는 세계

외계인처럼 일상에 침투해 온 뉴스의 거짓말

여느 때처럼 거실에 나와 TV를 틀었습니다. 그런데 TV 화면에서 좋아하는 예능 프로그램 대신 긴급 뉴스가 흘러나옵니다. "속보! 외계인 침공!"이란 자막이 화면을 가득 채우고, 날카로운 경보음과 함께 "실제 상황!", "외계인 침공!", "당장 대피하세요."라고 외치는 기자의 목소리가 메아리칩니다. 이게 무슨 일인가 싶어 얼른 휴대 전화로 웹에 접속하니 실시간 검색어에 '외계인', '외계인 침공', '안전한 대피 장소' 같은 단어들이 연이어 뜹니다. 친구들이 보내오는 메시지로 휴대 전화가 쉴 새 없이 울려 대고요. 바깥은 공포에 휩싸인 사람들이

도망치는 소리로 요란합니다. 대체 어떻게 된 일일까요? 정말 외계인이 지구에 침공한 걸까요? 여러분이라면 이런 상황에서 어떻게 행동할 건가요?

이런 거짓말 같은 일이 일어날 리 없다고요? 맞아요, 이 이야기는 지어낸 거짓말입니다. 하지만 80여 년 전, 비슷한 일이 실제로 일어났습니다. 1938년 10월 30일, 뉴욕을 포함한 미국의 여러 도시에서 수천 명의 미국인과 자동차가 거리로 쏟아져 나왔어요. 사람들이 경찰서로 끊임없이 연락하는 바람에 전화 혼선이 일어나는 등 도시는 혼란에 빠졌죠. 이 사태는 CBS 라디오에서 뉴스 속보의 형태로 외계인이 침략했다는 방송을 내보낸 직후에 벌어진 것이었어요. 라디오 드라마가 중간 광고 없이 방송되어서 사람들이 드라마 속 상황을 실제 상황으로 착각했던 거예요. 나중에 라디오 방송이 가공의 드라마였다는 사실이 밝혀지자 분노한 사람들이 난동을 피우기도 했어요. 만약 여러분이 같은 상황을 맞닥뜨린다면, 당시의 사람들과 다르게 행동할까요?

이 사건에서 주목할 점은 우리가 정보를 접할 때 사실 여부를 어떻게 판단할 수 있는가 하는 것입니다. 특히 뉴스로 보도되고 인터넷에서도 확인되는 정보는 마냥 흘려들을 수만은

—○ 외계인 침공 소동이 벌어진 다음 날, 라디오 드라마를 각색하고 연출한 오슨 웰스(Orson Welles)가 기자들과 만나 인터뷰하고 있다.

없죠. 게다가 많은 사람이 이를 믿고 행동하면 더는 의심할 여지가 없어집니다. 외계인 침공과 같은 황당한 내용이 아니라 일상적인 소재와 상황을 다룬 뉴스라면, 대부분의 사람은 사실 여부를 고민조차 하지 않은 채 휩쓸리고 말 거예요.

이 같은 방식으로 오늘날 수많은 거짓 정보가 뉴스 형태로 전달되어 많은 사람을 혼란에 빠뜨리고 잘못된 방향으로 이끌어 갑니다. 뉴스가 거짓말할 리 없다고요? 매우 예외적인

일 아니냐고요? 아니요, 이건 지금 당장 우리가 맞닥뜨린 문제입니다. 바로 가짜뉴스(fake news) 말이죠.

실수도 오보도 아닙니다, 의도적 거짓말입니다

'가짜뉴스'는 오늘날 여기저기서 흔히 언급되는 단어입니다. 도대체 가짜뉴스란 무엇일까요? 가짜뉴스를 〈뉴욕 타임스〉는 "고의적 동기로 독자를 기만하려고 날조한 가공의 기사"로, 미국의 뉴스 검증 기관인 폴리티팩트(PolitiFact)는 "뉴스를 가장해 실제 사건으로 보이도록 날조한 콘텐츠"로 정의합니다. 조금 어렵다고요? 이해하기 쉽게 가짜뉴스를 규정하는 특징을 세 가지로 정리해 보죠.

가짜뉴스의 가장 중요한 첫 번째 특징은 '가짜'라는 것입니다. 가짜뉴스의 '가짜'를 뜻하는 영어 단어는 '페이크(fake)'로, 거짓, 왜곡, 위조, 모방을 나타낼 때 사용하죠. 말 그대로 진실이나 사실이 아니라 거짓된 정보를 전달한다는 특징을 지니고 있어요. 쉽게 말해 거짓말입니다.

2017년 도널드 트럼프(Donald Trump)의 미국 대통령 취임식 당시, 백악관 대변인은 "역대 모든 대통령 취임식 중 가장 많은 사람이 워싱턴 DC를 찾았다."라고 발표했어요. 하지만 당시 취임 연설 사진과 동영상을 분석한 전문가들은 한결같이 트럼프의 취임을 축하하고자 모인 사람의 숫자가 많지 않다고 지적했습니다. 이는 특히 전임 대통령이었던 버락 오바마(Barack Obama)의 취임식 사진과 비교해 봐도 한눈에 알 수 있는 사실이었어요.

혹시 착각하고 실수한 게 아니냐고요? 단순한 실수가 아니라 '의도적인 조작'에 따른 거짓말이라는 점도 가짜뉴스의 눈에 띄는 특징입니다. 실수로 잘못된 정보를 전달한 뉴스를 '오보'라고 합니다. 하지만 오보는 적어도 뉴스를 만들고 전달하는 사람이 그 내용을 사실이라고 믿고 있죠. 반면에 가짜뉴스를 만들어 내는 사람은 그 정보가 거짓이란 걸 뻔히 알면서도 의도적으로 가공해 전달합니다. 트럼프 측에서는 취임식에 모인 사람 수를 파악할 수 있는 수많은 사례 자료를 무시하고 아무런 증거도 제시하지 않았어요. 그저 자신들의 생각은 다르다고 말로써 주장할 뿐이었죠.

마지막으로 가짜뉴스는 의도한 거짓말을 뉴스와 같이 신뢰받을 만한 정보의 형태로 전달한다는 특징이 있습니다. 그래서 겉으로 보아서는 진짜 뉴스와 구분하기 어려워요. 물론 우

버락 오바마 전 대통령의 취임식 인파(위)와 도널드 트럼프 전 대통령의 취임식 인파(아래).

리가 소비하는 뉴스의 형태가 과거와는 크게 달라졌다는 사실에도 주목해야 해요. 오늘날에는 많은 사람이 전통적인 형태의 신문이나 주요 방송국의 뉴스보다는 인터넷으로 뉴스를 접하니까요. 실제로 여러분이 뉴스를 주로 어디서 확인하는지 한번 떠올려 보세요. 대체로 인터넷 포털 사이트나 소셜 미디어 등을 통해 보고 있을 거예요. 인터넷 뉴스는 인쇄물이나 방송보다 정보를 훨씬 더 빠르고 쉽게 가공할 수 있어요. 그러다 보니 진짜 뉴스와 구분하기 힘든 가짜뉴스가 인터넷에 넘쳐나게 된 것이죠.

가짜뉴스로 정치하고
가짜뉴스로 돈을 번다고?

가짜뉴스를 만드는 사람들은 누구일까요? 그들은 왜 가짜뉴스를 만드는 걸까요? 이 질문에 답하기는 쉽지 않습니다. 매우 다양한 사람이 다양한 이유로 가짜뉴스를 만드니까요. 하지만 우리 사회의 주요 영역에서 생겨나는 가짜뉴스를 살펴보면, 그 의도가 무엇인지 알아차릴 수 있어요.

가짜뉴스는 정치 영역에서 가장 빈번하게 발생합니다. 정치란 사람들이 함께 살아가면서 해결해야 할 여러 문제에 대해 서로의 의견을 조정하고 합의를 끌어내는 과정이에요. 이때 사람들의 생각이나 의견은 저마다 다를 수밖에 없기에 여러 가지 갈등과 논쟁이 빚어지곤 하죠. 이런 상황에서 가짜뉴스는 사회적 혼란을 부추기고 특정한 정치적 이득을 얻어 내는 수단으로 활용됩니다. 특히 선거나 투표를 앞두고 있을 때마다 정치 영역에서 가짜뉴스가 쏟아져요. 일부 후보자나 정당으로부터 돈을 받은 홍보업체가 그들에게 유리한 가짜뉴스를 만들어 퍼뜨리기도 하고, 때로는 한 나라의 정치 상황이 복잡할 때 다른 나라의 첩보 기관이 몰래 가짜뉴스를 흘려 피해를 주기도 해요.

러시아의 인터넷 리서치 에이전시(IRA)의 사례가 대표적입니다. 미국 대통령 선거가 열린 2016년, 페이스북 광고 3000건을 합법적으로 구매한 이 업체는 500여 개의 허위 계정을 사용해 1억 2600만 명의 페이스북 사용자를 대상으로, 도널드 트럼프를 미화하고 힐러리 클린턴(Hillary Clinton)을 비방하는 광고를 게재합니다. 특히 인종이나 민족, 종교 등 민감한 사안을 다루며 사람들을 분열시키고 갈등을 부추겼죠.

이뿐만 아니라 IRA는 2016년 영국 브렉시트(Brexit) 투표 당시에도 활동했는데, 당시 영국에서는 유럽 연합(EU) 탈퇴

브렉시트
영국의 유럽 연합 탈퇴를 뜻하는 말로, 2016년 6월 진행된 국민 투표 결과에 따라 2020년 1월 31일 단행되었다.

사안을 두고 사회적으로 큰 논쟁이 벌어졌어요. 이때 IRA는 탈퇴 여론을 만들어 내기 위해 트위터에 수많은 허위 계정을 만들고 브렉시트 관련 트윗을 빈번하게 작성해 공유했습니다. 어처구니없게도 영국 언론은 이 트윗을 인용해 기사로 내보내기도 했죠. 이 과정에서 영국이 매주 유럽 연합에 3억 5000만 파운드의 분담금을 바친다는 과장된 정보까지 퍼져 나갔어요. 거의 절반에 이르는 영국인이 이를 믿었다고 하니, 가짜뉴스가 브렉시트 투표에 어느 정도 영향을 주었다고 볼 수 있어요.

순전히 '돈'을 목적으로 만들어진 가짜뉴스도 많습니다. 겉으로는 뉴스처럼 보이도록 만들어 놓고, 유명인을 등장시키거나 이야기를 꾸며 내죠. 인터넷을 검색하는 사람들은 자극적인 제목이나 장면을 보고 호기심에 클릭하는데, 클릭 수가 늘어날수록 웹 사이트를 만든 이들이 더 많은 광고 수익을 올릴 수 있어요. 이를 '클릭베이트(clickbait)'라고 합니다. '클릭(click)'과 '미끼(bait)'가 합쳐진 말로, '클릭을 유도하는 미끼'라는 뜻이에요. 여러분도 인터넷으로 정보를 찾던 중에 '이게 뭐지?' 하며 클릭했다가 이른바 '낚시질'을 당해 본 경험이 있을 거예요. 제목만 있고 내용은 없는 기사, 제목과 다른 내용을 실은 기사, 제목만 다르게 다른 기사를 복사해 놓은 기사, 광고만 가득한 기사 등등. 최근에는 포털 실시간 검색어를 활용해 이와 연결된 내용으로 낚시질하는 기사도 있죠.

가짜뉴스는 가장 정확한 정보만을 다룰 것 같은 과학 영역에서도 흔히 나타납니다. 특히 과학 영역은 전문적인 내용이

2016년 미국 대선에서 러시아 업체의 여론 조작을 방관했다는 비판을 받아 온 페이스북은 2020년 대선을 앞두고 가짜뉴스가 담긴 포스트나 사진, 동영상 등을 회색 필터로 표시하는 방침을 세웠다.

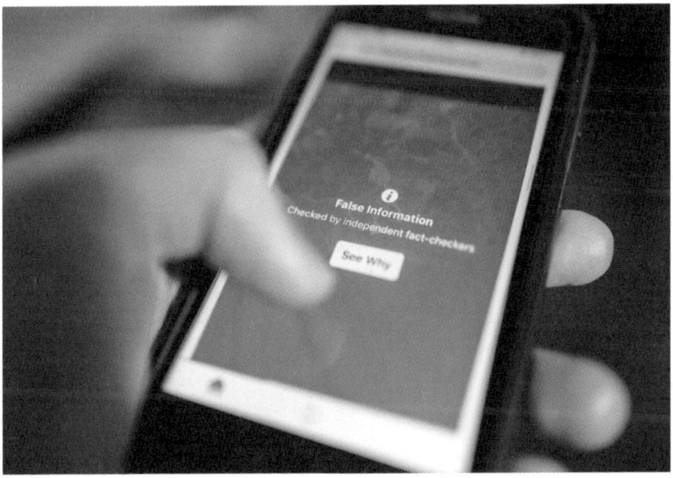

많아서 일반인들이 정확한 사실을 파악하기가 더욱 어려워요. 잘못된 과학 정보를 담은 가짜뉴스는 사람들의 불안감을 자극하면서 퍼져 나갑니다.

최근 세계는 코로나19 사태로 전례 없는 혼란을 겪고 있는데, 이런 상황에서 사람들의 불안한 심리를 이용해 가짜뉴스가 수없이 쏟아져 나왔어요. 이러한 현상을 '인포데믹(infodemic)'이라고 해요. 정보를 뜻하는 'information'과 세계적 대유행을 뜻하는 'pandemic'이 합쳐진 말로, 잘못된 정보가 감염병처럼 빠르게 퍼지는 상태를 가리키지요.

예를 들어 "코로나19를 치료하려면 메탄올이나 표백제를 마셔라.", "염산을 뿌리면 코로나19에 걸리지 않는다." 등 엉터리 치료법과 예방법이 떠돌기도 했어요. 이러한 가짜뉴스의 가장 큰 문제점은 사람의 안전을 위협한다는 거예요. 실제로 2020년 이란에서 이 낭설을 믿고 메탄올을 마신 사람 중 90명은 시력을 잃고, 700명 이상은 목숨을 잃었어요. 우리나라에서도 코로나19 바이러스를 소독한다며 사람들 입에 분무기로 소금물을 뿌려 100여 명이 집단 감염되는 사건이 있었죠. 불안감이 극에 달한 상황에서는 터무니없는 이야기에도 속아 넘어가 피해를 보는 사람이 생길 수 있어요.

백신에 관한 가짜뉴스도 인포데믹의 대표적 사례입니다. 특히 백신이 아동에게 자폐증을 유발한다는 주장은 오래전부터 이어져 왔어요. 이 논쟁은 1998년에 영국 의사 앤드루 웨이크필드(Andrew Wakefield)가 의학 학술지 『랜싯』에 MMR 백신이 자폐증을 유발한다는 논문을 발표하면서 시작되었습니다. 당시 여러 언론에서 이 내용을 크게 보도했고, 사회적으로 백신의 위험성을 우려하는 분위기가 조성되었어요. 그런데 6년 뒤 웨이크필드가 백신 제조업체와 소송 중인 사람들의 편에서 연구를 조작했다는 사실이 밝혀졌습니다. 웨이크필드 본인이 이 사실을 인정하면서 그의 의사 면허는 취소되었고 논문도 철회되었어요.

하지만 이후에도 불안감이 가시지 않자, 덴마크 국립 혈청 연구소에서 백신과 자폐증의 관계를 다시 엄밀하게 연구해 MMR 백신과 자폐증은 아무런 관련이 없다고 발표합니다. 오히려 백신을 접종한 경우 자폐증에 걸릴 확률이 7퍼센트 낮게 나타났죠. 하지만 이런 객관적 결과가 나왔음에도 백신에 대한 우려는 좀처럼 줄어들지 않았어요. 영국 내 백신 접종률은 형편없이 떨어졌고, 이 영향은 유럽 전체로 퍼져 나갔죠. 그 결과, 백신으로 예방할 수 있었던 여러 질병이 다시 나타나거

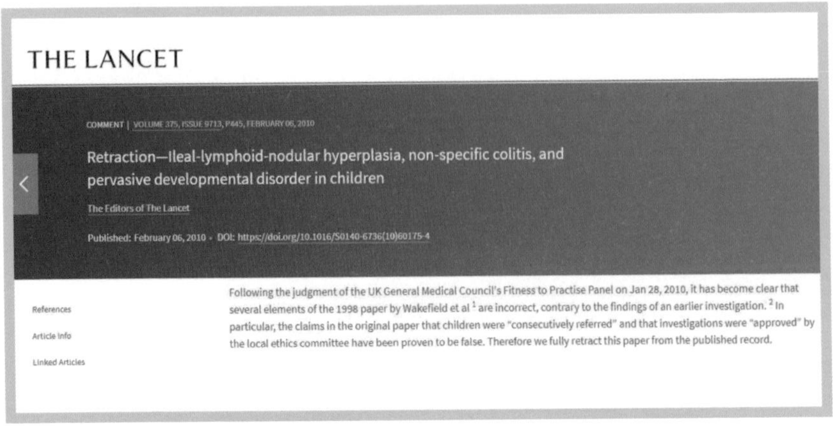

THE LANCET

COMMENT | VOLUME 375, ISSUE 9713, P445, FEBRUARY 06, 2010

Retraction—Ileal-lymphoid-nodular hyperplasia, non-specific colitis, and pervasive developmental disorder in children

The Editors of The Lancet

Published: February 06, 2010 • DOI: https://doi.org/10.1016/S0140-6736(10)60175-4

References

Article Info

Linked Articles

Following the judgment of the UK General Medical Council's Fitness to Practise Panel on Jan 28, 2010, it has become clear that several elements of the 1998 paper by Wakefield et al [1] are incorrect, contrary to the findings of an earlier investigation. [2] In particular, the claims in the original paper that children were "consecutively referred" and that investigations were "approved" by the local ethics committee have been proven to be false. Therefore we fully retract this paper from the published record.

—○ 2010년 의학 학술지 『랜싯』 홈페이지에 올라온 글로, 허위로 판명된 앤드루 웨이크필드의 논문을 출판 기록에서 공식적으로 철회하겠다는 내용을 담고 있다._『랜싯』 홈페이지

나 늘어나고 있어요.

과학 분야의 가짜뉴스는 막기도 어려워요. 의혹을 해소하려면 과학적으로 엄격한 절차에 따라 데이터를 수집하고 분석해야 하는데, 여기에 시간과 비용이 많이 들거든요. 설령 그 과정을 거쳐 객관적인 자료를 제공한다 해도 일반인이 과학적 주장을 분별해 내는 일은 쉽지 않습니다. 게다가 '혹시라도' 하는 마음은 여전히 가짜뉴스를 믿게 만들죠.

보고 싶은 것만 보고
듣고 싶은 것만 듣는 가짜 세상

이제 가짜뉴스가 무엇인지, 또 어떤 유형이 있는지도 알았으니 속지 않을 자신이 있나요? 하지만 가짜뉴스를 만들어 내는 사람들은 우리를 속이기 위해 다양하고 교묘한 전략을 세웁니다. 여기에는 누구든 영향을 받을 수밖에 없는 여러 요인이 관계하고 있죠.

사람들이 가짜뉴스에 속는 이유 중 하나는 사람에게는 자신이 믿고 싶은 것을 믿는 경향이 있기 때문입니다. 물론 취향이나 의견, 종교 등의 개인적 영역에서는 믿고 싶은 것을 믿고 생각하고 싶은 대로 생각해도 크게 문제 될 건 없어요. 이와 달리 사회적으로 함께 결정해야 할 문제를 놓고 판단할 때, 그 기준은 내가 믿고 싶은 것이 아니라 객관적인 사실로 드러난 것이어야 하죠.

오늘날 자신이 보고 싶은 것만 보고 듣고 싶은 것만 들으면서 그것을 사실이라고 믿는 사람이 늘어나고 있습니다. 사람들은 무의식적으로 자신의 가치관이나 신념에 들어맞는 정보에 눈길을 주고, 이에 반하는 정보는 흘려보내기 쉬워요. 이러한 경향은 정보를 취사선택할 수 있게 되면서 더욱 큰 문제가 되었어요. 우리는 평소 인터넷을 통해 자신의 가치관이나 관심사와 들어맞는 생각과 의견을 주로 찾아 읽습니다. SNS에서도 나와 가깝거나 비슷한 생각을 하는 사람들과 서로 '좋아요'를 누르며 소통하죠. 이 모든 과정을 지켜보는 인터넷 포털이나 SNS 기업들은 알고리즘을 통해 우리가 좋아하고 우리에게 익숙한 것을 계속 추천합니다.

이렇게 우리는 우리가 좋아하는 정보만을 걸러 만들어진, 현실 아닌 거품 같은 세상 속에 갇히게 됩니다. 이 현상을 '필터 버블(filter bubble)'이라고 합니다. 편향된 정보의 세상에서 우리는 사실을 확인하려고 노력하기보다는 본래 믿었던 생각을 더욱 확신하게 돼요. 마치 닫힌 방에서 외친 내 목소리가 메아리가 되어 더 크게 돌아오듯 말이에요. 이를 '에코 체임버(echo chamber)'라고 하죠. 여기에 빠져들면 가공된 가짜 세상을 실재하는 진짜 세상으로 착각한 채 살아갈 수도 있어요. 어때요, 무섭지 않나요?

팥으로 메주를 쑨대도 믿는 탈(脫)진실의 세계

가짜뉴스가 만들어 놓은 왜곡된 세상에 갇히지 않으려면,

다른 사람들과 진실에 관해 소통하며 내가 보지 못했던 더 넓은 세상을 바라보려는 태도를 갖춰야 합니다. 사실에 더 많은 관심을 가지는 거죠. 하지만 최근 세계적으로 사실이나 진실에 대한 관심이 줄어드는 현상이 나타나고 있어요. 이를 '탈진실(post-truth)'이라고 합니다. 옥스퍼드 영어 사전은 '탈진실'을 "여론을 형성할 때 객관적인 사실보다 개인적인 신념과 감정에 호소하는 것이 더 큰 영향력을 발휘하는 현상"이라고 정의해요.

탈진실 현상이 나타난 데는 여러 가지 이유가 있어요. 일단 언론 스스로 탈진실 현상을 부추긴 측면을 무시할 수 없습니다. 최근 뉴스를 제작하는 주체가 폭발적으로 늘어나면서 보도 경쟁이 치열해졌죠. 우리나라만 해도 2만 개 이상의 언론사가 있어요. 여기에 더해 블로그나 카페, 유튜브 등 다양한 플랫폼을 통해 누구나 뉴스를 제작하고 퍼뜨릴 수 있어요. 상황이 이렇다 보니 대중의 관심을 끌어내기 위한 경쟁이 심해지고 제대로 검증되지 않은 이야기가 여러 경로를 통해 빠르게 퍼져 나갑니다.

물론 탈진실 현상의 원인이 언론에만 있지는 않아요. 시대가 바뀌면서 과학 영역에서도 한때 객관적 진리였던 정보가

오류로 밝혀진 사례는 많습니다. 하물며 오늘날 인간이나 사회와 관련된 영역에서 무엇이 '참'인지 단정 짓기는 어렵죠. 특히 20세기 후반 포스트모더니즘 철학이 등장하면서 하나의 텍스트는 다양하게 해석될 수 있으며, 하나의 정답은 존재할 수 없다는 생각이 널리 퍼졌어요. "넌 그렇게 생각하니? 난 다르게 생각해." 같은 태도는 단 하나의 입장이나 해석만을 옳다고 강요하는 과거의 폭력적인 방식에 대한 반발이라는 점에서 상당히 의미가 있어요. 오늘날처럼 다원화되고 민주화된 세상에서는 더욱 자유롭게 생각하고 서로 다른 의견을 나눌 수 있어야 하기 때문이죠.

하지만 그렇다고 해서 모든 것을 상대적으로 바라보는 태도는 이상하고 또 위험해요. 학교에서 약한 친구를 괴롭히는 아이에 대해 논의한다고 가정해 볼까요? 논의하는 사람들은 이 아이가 그런 행동을 한 이유와 배경에 주목할 수도 있고, 저마다 자신의 경험에 비추어 다른 해결책을 이야기할 수도 있습니다. 하지만 이때 친구를 괴롭혔다는 행동과 관련된 구체적 사실까지 다르게 받아들여선 안 되죠. 예를 들어 폭력을 당한 피해자 수나 피해 내용 등은 개개인의 의견에 따라 달라질 수 없는 객관적 사실이에요.

사실을 확인하려 하지 않은 채 "난 다르게 생각해."라며 더 이상의 논의를 거부한다면, 우리는 어떤 문제도 함께 해결할 수 없습니다. '사실' 자체를 받아들이지 않고 모든 것을 '해석'의 영역으로 두는 세상에서 누가 굳이 사실과 거짓을 구분하고 진실을 밝히려 노력할까요? 사람들은 점점 옳고 그름을 밝히는 일을 포기하고 체념하게 될 거예요. 언론조차도 이런 사회 분위기에 편승해 본연의 역할을 제대로 하지 않을 가능성이 크고요. 가짜뉴스는 바로 이런 상황을 파고듭니다.

다양한 경로를 통해 반복적으로 흘러나오는 거짓 정보가 우연히라도 머릿속에 들어오면, 점차 그 정보에 익숙해지면서 가짜뉴스를 받아들이기 쉬워집니다. 내용을 그대로 믿지는 않더라도 사실인 진짜 뉴스까지 의심하게 되죠. 세상에 대한 우리의 믿음을 흔들리게 만드는 것만으로도 가짜뉴스는 그 목적을 충분히 달성한 거예요.

이를테면 "담배가 폐암에 직접 영향을 주는 것은 아니다.", "기후 변화가 인간의 잘못 때문에 일어난 것은 아니다."와 같은 이야기를 들어 본 적 있지 않나요? 과학적 자료나 이론에 기반하지 않고 단편적인 뉴스와 정보의 형태로 돌아다니는 이야기예요. 이러한 정보의 원천을 쫓다 보면, 자신들의 이익을 위해 연구소를 만들고 일부 연구 결과를 확대하거나 거짓된 연구 결과를 발표하는 담배 회사나 석유업체를 발견할 수 있어요. 그들이 꾸며 낸 정보가 과학적인 사실처럼 포장되어 뉴스로 전달되다 보면 '그럴 수도 있겠구나.'라고 생각하는

사람이 늘어나기 마련이죠. 이런 거짓조차도 하나의 '의견'으로 받아들여지면 사람들은 서로 다른 의견을 중립적으로 다루어야 한다고 생각하게 돼요. 과학자 대부분은 담배가 인체에 부정적 영향을 미친다는 사실과 기후 위기의 원인이 인간이라는 사실을 인정해요. 그런데 이를 반대하는 허위의 주장조차 동등한 하나의 의견으로 다룬다면 문제가 있지 않을까요?

"콩으로 메주를 쑨다 해도 곧이듣지 않는다."라는 속담이 있어요. 아무리 사실을 말해도 믿지 않는다는 뜻이에요. 그런데 가짜뉴스는 "팥으로 메주를 쑨다."라고 말함으로써 우리가 알고 있는 객관적 사실까지도 비틀어 버립니다.

거짓을 진실로 대체하기 위한 사회적 대안

가짜뉴스 문제를 해결하는 가장 단순하면서도 강력한 방법은 뉴스를 생산하는 언론이 적극적으로 가짜뉴스의 거짓을 밝히는 동시에 수준 높고 올바른 정보를 전달하는 진짜 뉴스를 만들어 내는 것입니다. 미국에서는 〈워싱턴 포스트〉의 팩트 체커(Fact Checker), 펜실베이니아 대학교가 지원하는 팩트체크닷오아르지(FactCheck.org), 듀크 대학교 교수 빌 어데어

팩트 체크

말 그대로 사실(fact)을 체크하는(checking) 것으로, 정보의 정확성과 사실 여부를 검증하는 과정을 뜻한다.

(Bill Adair)가 만든 폴리티팩트 등 팩트 체크(fact-checking)를 전문적으로 담당하는 기관이 늘어나고 있어요. 〈뉴욕 타임스〉와 CNN 같은 전통 언론사도 팩트 체크 부서나 탐사 보도 팀을 늘리는 데 비용을 투자하고 있고요. 최근에는 우리나라 주요 언론사 뉴스에서도 팩트 체크 코너를 흔히 접할 수 있죠. 서울대학교 언론 정보 연구소에서도 대학과 언론의 협업을 통해 공적 관심사에 대한 팩트 체크 내용을 공유하고 있습니다.

물론 언론도 때로 실수할 수 있어요. 하지만 실수를 빨리 알아차리고 정정할 수 있는 시스템을 갖추는 것이 중요합니다. 기사를 만들고 배포하는 과정의 투명성을 높이고 독자의 다양한 비판과 의견에 귀를 기울여야 해요. 실수가 확인되면 빠르게 인정하고 즉시 정정 보도를 해 사실을 바로잡아야 해요. 여기서 놓치지 않아야 할 한 가지는 거짓을 거짓이라고 밝히는 동시에 진실로써 그 거짓을 대체해야 한다는 점입니다.

가짜뉴스를 막으려면 사회 제도도 정비해야 합니다. 무엇보다 가짜뉴스를 생산하고 이를 유포하는 행위를 강력하게 처벌할 법적 장치를 마련해야 하죠. 이때 중요한 문제가 있습니다. 가짜뉴스를 막으려고 법적 규제를 강화하다 보면, 표현의 자유를 가로막아 민주주의 정신을 위협할 수 있다는 거예요. 특히 무엇이 가짜뉴스인지 판단하는 주체가 일부 권력을 가진 사람이나 기관이라면 문제는 더 심각해집니다. 정부나 권력자에 대한 비판적인 생각이나 의견은 가짜뉴스로 치부되어 묵살될 테니까요. 이 때문인지 표현의 자유 보장과 가짜뉴스 처벌을 둘러싼 분위기는 나라마다 다소 다르게 나타나고 있어요. 미국처럼 표현의 자유를 중시하는 나라가 있는가 하면 독일처럼 가짜뉴스 처벌에 무게를 두는 나라도 있죠.

하지만 우리가 살펴보았듯이 가짜뉴스로 사회적 피해가 커지면서 어느 정도 규제가 필요하다는 공감대가 늘어나고 있는 것은 분명합니다. 특히 사회적 약자에 대한 혐오를 부추기거나 사회적 갈등을 조장하는 악의적인 가짜뉴스는 사람들의 생존까지도 위협하는 등 문제가 날로 심각해지고 있기 때문이죠. 한 예로 2017년 미얀마 군부가 이슬람교 소수 민족인 로힝야족을 탄압하고 학살하는 사건이 벌어졌습니다. 이때 로힝야족에 대한 혐오를 조장하는 가짜뉴스가 페이스북으로 빠르게 전파되면서 수많은 미얀마인이 군부의 공격을 정당한 것으로 받아들였죠. 그 결과, 로힝야족 200명이 사망하고 70

만여 명이 방글라데시로 피신하는 사태가 벌어지기도 했어요.

기본적으로 표현의 자유를 보장해야겠지만, 가짜뉴스가 아닌 정확한 사실에 기반해 의견을 자유롭게 주고받을 수 있도록 제도적 장치를 마련해야 합니다. 이를 위해서는 권력의 입김에 영향을 받지 않고 다양한 입장에서 가짜뉴스를 판단해 신속하게 제재하는 기관도 있어야겠죠. 무엇보다 사회에 해악을 끼칠 의도로 가짜뉴스를 생산하는 행동은 '범죄'라는 인식도 늘어나야 하겠고요.

가짜뉴스 대부분이 포털 사이트나 SNS 등을 통해 널리 퍼진다는 점에서 이들 플랫폼에 강한 책임을 물을 필요도 있어요. 독일에서는 미디어 기업이 혐오 표현이 담긴 게시물, 폭력이나 범죄와 관련된 '명확하게 불법적인 내용'의 게시물을 24시간 안에 삭제하도록 법적으로 의무화하고 있습니다. 최근 우리나라에서도 악의적이고 반사회적인 보도로 사회에 피해를 준 언론에 대해 징벌적 손해 배상을 청구하는 법안을 두고서 여러 가지 논의가 불거지기도 했죠. 또 자체적으로 게시물을 점검하고 자정하려는 인터넷 기업도 늘어나고 있어요. 페이스북, 유튜브, 트위터 등은 머신 러닝(machine learning) 기술을 개발해 적용하는가 하면, 악의적인 정보를 가려내는 업무

—o 2021년 2월 미얀마 군부의 쿠데타에 시민들이 저항하자 군부는 과거와 마찬가지로 자신들의 만행을 숨기기 위해 언론을 통제하며 가짜뉴스를 배포했다.

인원을 늘리고, 팩트 체크를 하는 기관과 협력하는 등의 활동을 벌이고 있어요.

진짜 세상을 만드는 데 필요한 한 사람의 용기

마지막으로 가짜뉴스를 막기 위한 노력은 우리 한 명 한 명의 개인 차원에서도 이루어져야 합니다. 프랑스는 모든 중등 교육 과정에서 미디어 교육을 시행하도록 법으로 정하고 있어요. 미디어 리터러시 교육을 통해 개개인이 가짜뉴스에 대응할 수 있는 역량을 갖추도록 하는 거죠.

가짜뉴스를 판별할 때 가장 중요한 것은 정보의 출처를 확인하는 일입니다. 해당 기사가 언제 작성되었고, 기자가 누구이며, 언론사는 어디이고 신뢰할 만한지 등을 확인해야 해요. 마찬가지로 주변 사람들에게 들은 정보도 출처를 확인하는 습관을 들여야 하고요.

그다음으로는 내용이 편향되지 않았는지 살펴야 합니다. 관련 내용을 다른 뉴스나 기사에서는 어떻게 다루고 있는지 확인하고 주장이나 논조가 다르다면 이를 비교해 봐야 하죠. 해당 언론사나 매체를 후원하는 곳은 어디인지, 이 기사가 사

가짜뉴스를 판별하는 방법

1. 출처를 확인하라

해당 사이트와 목적,
연락처 정보 등을 조사한다.

2. 전체 내용을 확인하라

클릭을 유도하는 헤드라인이 아니라
전체 기사 내용을 읽는다.

3. 필자를 확인하라

필자가 믿을 수 있는 사람인지,
실제로 존재하는 사람인지 검색한다.

4. 근거 자료를 확인하라

기사의 내용을 뒷받침하는
사실 정보가 있는지 찾아본다.

5. 기사 날짜를 확인하라

현재 상황에 부적합한 지난 뉴스를
다시 올린 것은 아닌지 확인한다.

6. 풍자성 글인지 확인하라

지나치게 이상한 기사일 경우
풍자성 글인지 확인한다.

7. 자신의 편견을 확인하라

자신의 믿음이 판단에 영향을
주고 있지는 않은지 생각한다.

8. 전문가에게 확인하라

사실과 허구를 구분하는 데 도움을 줄 수
있는 전문가나 기관에 확인한다.

◎ 출처: 「가짜 뉴스를 판별하는 방법」, 국제 도서관 협회 연맹, 2017.

실로 받아들여졌을 때 누가 이익을 보는지도 알아볼 필요가 있습니다.

마지막으로 뉴스에 대한 내 생각을 성찰해야 합니다. 믿고 싶은 것만 믿으려는 습관을 거슬러 다소 불편하더라도 진실과 마주하려는 노력을 기울여야죠. 내가 모든 사실을 알지는 못한다는 것을 인정하고 다른 사람들과 함께 의견을 나누어야 합니다. 내가 당연하게 믿어 왔던 사실도 틀릴 수 있다는 현실을 받아들일 각오가 되어 있어야만 우리는 진실한 세상에서 살아갈 수 있습니다.

물론 쉬운 일은 아니에요. 하지만 누군가가 그토록 우리를 속이려 하는 것은 바로 우리가 이 사회를 움직이고 세상 곳곳에서 구체적인 변화를 만들며 살아갈 힘을 가지고 있기 때문이에요. 그렇기에 우리는 진실을 향해 용기 있는 한 발을 내디뎌야 합니다.

놓치지 마요

가짜뉴스 핫&이슈 ▼

가짜뉴스에 대한 징벌적 손해 배상제가 시행될까?

가짜뉴스가 심각한 문제라는 사회적 인식이 늘어나면서 최근 언론 개혁을 위한 여러 법안이 논의되고 있다. 일부 법안은 인터넷을 통해 거짓 또는 불법 정보를 생산해 유통한 경우 징벌적 손해 배상을 제기하겠다는 내용을 담고 있다. 이 법안의 대상에는 언론사뿐만 아니라 유튜버, 블로거 등까지 포함되는 것으로 알려져 사회적 논쟁이 늘어나고 있다.

유튜브 Channel 4

크리스마스에 춤을 추며 인사하는 가짜 여왕

영국의 방송사 채널4에서는 크리스마스를 맞아 딥 페이크(deep fake) 기술을 활용해 엘리자베스 2세 여왕의 가짜 동영상을 제작해 내보냈다. 이 영상에서 가짜 여왕은 코로나19로 힘들어하는 사람들을 위로하며 자신의 슬픈 감정을 밝혔고, 춤을 추기도 했다. 이 방송사는 성명을 통해 '허위 정보와 가짜뉴스의 확산'을 가능하게 하는 기술 발전을 경고하기 위한 의도라고 밝혔다.

AI를 이용해 가짜뉴스를 잡을 수 있을까?

2020년 미국 대통령 선거를 앞두고 미국의 ICT 기업들은 가짜뉴스를 막기 위해 인공 지능(AI)을 활용했다. AI가 인터넷을 떠돌며 가짜뉴스로 의심되는 글을 수집하면 이를 전 세계 60여 곳의 팩트 체크 기관에서 확인하는 방식이었다. 그 밖에도 영국 정보기관은 AI를 활용해 가짜뉴스의 근원지를 추적하기도 한다. 또 일부 업체는 AI를 활용해 문맥이나 맥락을 살피고 다른 자료들과 비교 검증해 잘못된 문장이나 허위 정보를 걸러 내고 있다.

가 짜 뉴 스 토 론

가짜뉴스를 퍼뜨린 언론을 강하게 규제해야 할까?

○ 찬성 ○

1. 언론의 허위 보도에 따른 피해가 심각하다

가짜뉴스와 허위 정보로 인한 사회적 피해가 갈수록 늘어나고 있다. 특히 코로나19 사태 같은 큰 위기 상황에서 가짜뉴스는 사람들의 안전까지 위협할 수 있다. 허위 보도에 대한 규제를 강화하지 않는다면 앞으로 피해는 더욱 늘어날 것이다.

2. 현재 허위 보도에 대한 규제가 너무 약하다

가짜뉴스와 허위 정보를 이용한 언론의 위법 행위가 늘어나고 있지만, 이에 대해 강하게 책임을 묻지 않는다. 잘못된 언론 보도로 피해를 입어서 법원에 소송해도 이기는 경우가 많지 않다. 허위 보도에 대한 규제를 강화해야 한다.

3. 언론의 자율적인 통제 이상의 조치가 필요하다

최근 개인 방송이나 블로그 등을 비롯해 정보를 전달하는 매체의 숫자가 비약적으로 늘어났다. 이런 상황에서 언론이 자율적으로 가짜뉴스를 걸러 내기란 불가능하니, 정부가 개입해 어느 정도 통제할 필요가 있다. 그것이 언론이 제 기능을 하도록 돕고 사회적 신뢰를 되찾는 길이다.

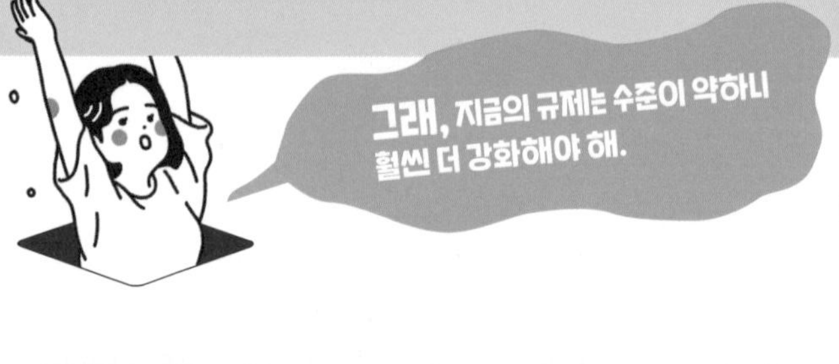

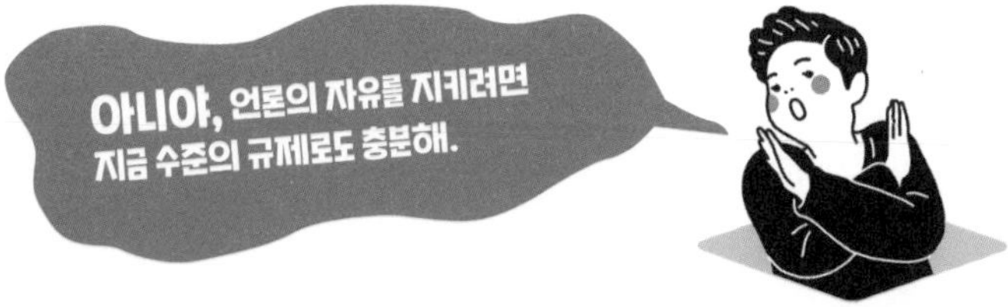

✖ 반대 ✖

1. 치열한 보도 경쟁에서 앞서가려다 보면 실수할 수 있다

최근 인터넷 기술이 발달하면서 언론사가 아닌 개인도 정보를 유통하고 있다. 수많은 언론사가 경쟁하는 상황에서 신속하게 보도하려다 보면 일부 잘못된 보도가 나올 수 있는데, 이를 모두 처벌하는 것은 지나치다.

2. 현재의 규제로도 충분하다

현재의 법률만으로도 언론 보도로 피해를 입은 사람이 언론사에 정정 보도나 반론 보도를 청구할 수 있고, 언론사가 고의 과실로 법률을 어겼다면 손해 배상도 청구할 수 있다. 따라서 더 이상의 배상이나 처벌은 불필요하다.

3. 언론에 대한 제삼자의 개입은 언론의 자유를 억압한다

가짜뉴스는 잘못이지만 이를 나쁜 의도에서 퍼뜨렸는가를 판단하기란 쉽지 않다. 제삼자가 이를 판단하는 순간 언론의 자유는 침해되고 민주주의를 지키기 어려워진다. 특히 언론이 가짜뉴스로 처벌받을 것이 두려워 권력이나 자본을 제대로 고발하지 못하는 일이 늘어날 수 있다.

3

포퓰리즘

생각 열기 툰

저의 첫 번째 공약은 탕수육엔 무조건 소스를 부어 먹는 '부먹법' 제정입니다!
부먹당
부먹법만이 우리의 미래다! 탕수육 따로, 소스 따로가 웬 말이냐!
튀김의 기본 정신 '겉바속촉'을 저버리는 부먹법이야말로 악법! 여러분, 저와 함께 튀김옷을 지켜 냅시다!
찍먹당
야식계 위기를 초래하는 부먹당을 규탄하라! 규탄하라!

포퓰리즘 정치가
따로 없네.
라면이나
끓여 먹어라.
저러고 싸울 게 아니라
따로 시켜 먹으면 해결될 일 아냐?

저 반반당 후보,
차이와 다양성을 존중하며
민주적인 야식 나라를 만들어 가겠습니다.
반
반반당

불안의 시대, 극단의 목소리

대중의 인기를 얻기 위한
정치 행위가 비난받을 일일까?

2020년 1월의 마지막 날, 영국이 유럽 연합에서 탈퇴하는 브렉시트가 공식적으로 시행되었습니다. 2016년 6월에 진행된 국민 투표로 결정된 사안이었죠. 이러한 영국의 행보를 두고 전 세계는 '포퓰리즘의 폐해'라며 비판했어요. 여러분은 사회 시간에 국민 투표가 나라의 중대한 일을 결정할 때 국민의 의사를 물어 결정하는 방식이라고 배웠을 거예요. 그런데 민주적인 국민 투표로 결정된 브렉시트가 어째서 포퓰리즘의 폐해라는 걸까요?

대중이 원하는 공약을 내건 정치인이 '포퓰리스트'라고 비

브렉시트를 지지하는 사람들(위)과 반대하는 사람들(아래)의 모습.

난받고, 대중이 원하는 것을 들어주겠다고 약속하며 지지를 호소하는 활동이 '포퓰리즘'이라고 비판받는 일이 종종 있습니다. 선거를 통해 국민의 대표를 선출하는 민주 정치에서 다수의 지지를 얻기 위해 대중의 요구를 정책에 반영하는 것은 너무나 당연한 정치 활동으로 보이는데 말이죠. 도대체 포퓰리즘이 무엇이기에 비난받는 걸까요?

포퓰리즘(populism)이라는 용어가 처음 등장한 때는 지금으로부터 2100여 년 전인 로마 공화정 말기였습니다. 정치가 그라쿠스 형제의 농지 개혁을 둘러싼 로마 원로원 의원들 사이의 대립에서 비롯한 말이라고 해요. 그라쿠스 형제는 전쟁을 치르면서 재정적으로 몰락한 로마 시민군을 재건하기 위해 토지의 소유를 제한하고 공유지를 분배하는 토지 개혁을 시행했어요. 이때 대농장을 경영하던 상당수의 로마 원로원 의원이 강하게 반발했죠. 하지만 의원 모두가 반대한 것은 아니었어요. 당시 그라쿠스 형제의 개혁을 찬성한 일부 원로원 의원들을 '포퓰라레스(populares)'라고 불렀어요. '다수를 사랑하는 자들'이라는 뜻으로, 영어식으로 표현하면 '포퓰리스트(populist)'죠.

그리고 19세기 말, 미국에서 포퓰리스트가 본격적으로 나타나기 시작합니다. 당시 미국 중서부와 남부의 농민들은 극심한 가뭄으로 어려움을 겪고 있었어요. 엎친 데 덮친 격으로 시장을 독점하던 철도 회사가 농산물 운송비를 올리자 이에 분노한 남·서부의 농민들과 소작농들이 민주당과 공화당에 반발해 동맹을 결성했고, 이를 기반으로 인민당이 등장했지요. 인민당은 농민들의 주장을 받아들여 운송비를 국가적으로 통제하고, 시장 독점을 제한하거나 막는 법률을 제정하며 철도 산업을 국가 소유로 할 것을 정부에 요구했습니다.

이들은 더 나아가 상원 의원의 직접 선거, 여성 선거권, 주민 발안, 국민 투표 등과 같은 직접 민주주의적 제도와 누진세, 농산물 가격 안정을 위한 국가 개입 등을 요구하며 미국 정치사에서 영향력 있는 최초의 제3당으로 발전했어요. 이처럼 19세기 미국의 포퓰리즘은 경제 위기에 대한 농민들의 불만으로 등장해 기성 정당을 압박하는 급진적 정치 운동의 형태로 나타났어요.

1946년 아르헨티나 정치가 후안 페론(Juan Perón)은 노동자와 빈곤층의 사회적·경제적 복지 개선을 공약으로 내세워 기존 정치에 반감을 품었던 대중의 지지를 얻으며 대통령에 당선되었습니다. 포퓰리스트의 대명사로 알려진 페론이 정권을

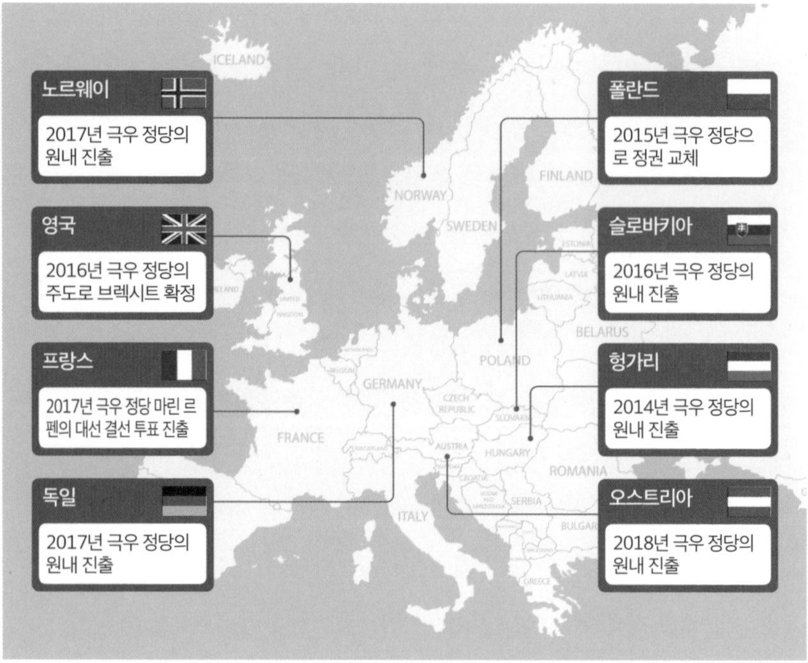

많은 유럽 국가에서 극우 세력이 포퓰리즘을 통해 영향력을 넓혀 가고 있다.

잡기 위해 사회 복지를 확대하고 노동자 집단을 동원해 펼친 정치 운동이 바로 20세기 중반 남미의 고전적 포퓰리즘입니다.

21세기에는 포퓰리즘이 전 세계를 뒤흔드는 '포퓰리즘의 시대'가 이어집니다. 특히 2016년에는 영국 국민의 절반 이상이 경제 위기의 원인을 나라 밖으로 돌리며 유럽 연합에서 탈퇴하자는 보수당의 주장에 표를 던졌고, 미국에서는 '백인과 미국 우선주의'를 슬로건으로 내세운 도널드 트럼프가 대통령으로 당선되는 등 포퓰리즘이 민주주의의 오랜 전통을 확립한 영국과 미국의 정치 한복판을 차지했어요.

유럽도 포퓰리즘을 등에 업은 극우 정부가 헝가리, 폴란드, 슬로바키아 등을 중심으로 권력을 잡고 있습니다. 2017년 프랑스에서는 프랑스의 유럽 연합 탈퇴를 공약으로 내세운 극우주의자 마린 르 펜(Marine Le Pen)이 높은 지지율을 기록하며 대선 후보로 활약했고요. 난민 반대 정책을 앞세워 민심을 얻으려는 우파 정당이 최초로 제3당으로 연방 의회에 진출한 독일도 상황은 마찬가지입니다. 이처럼 오늘날 '포퓰리즘'은 정치적인 측면에서 주목할 만한 현상으로 세계 곳곳에서 등장하고 있습니다.

포퓰리즘은 신데렐라의 유리 구두인가?

사람들은 포퓰리즘 하면 흔히 아르헨티나와 같은 중남미에서 볼 수 있는 방만한 재정 정책과 무분별한 사회 복지 정책을 떠올립니다. 2020년 코로나19 사태로 위기에 빠진 우리나라에서도 경제적 어려움을 완화하고자 지급한 긴급 재난 지원금을 둘러싸고 포퓰리즘이라는 비판이 일었었죠. 이때 포퓰리즘은 대중의 지지를 얻기 위한 정부의 '과도한 분배 정책'을 의미합니다. 과도한 분배 정책이 이어진다면 필연적으로 남미의 포퓰리즘처럼 경제가 파탄이 날 수 있다는 우려도 담고 있고요.

하지만 이런 의미만으로는 현재 전 세계에서 일어나고 있는 포퓰리즘 현상을 설명하기 어렵습니다. 1967년, 전 세계 학자들이 한 가지 목적으로 런던 정치 경제 대학에 모였습니다. 바로 '포퓰리즘'을 정의하려는 모임이었죠. 하지만 학자들은 일치된 하나의 정의를 내리는 데 실패했고, 다음과 같은 결론을 내렸어요.

앞으로 포퓰리즘이 얼마나 중대한 문제가 될지는 의심할 여지가 없다. 그러나 누구도 포퓰리즘이 무엇인지 명확하게 말할 수는 없다.

그로부터 50여 년이 흐른 지금도 중요한 정치 현상으로 등장하는 포퓰리즘은 다양한 의미로 사용되어서 명료하게 정의하기 어렵습니다. 영국 정치학자 마거릿 캐노번(Margaret Canovan)은 정치적 사건이나 현상 중 일곱 가지를 포퓰리즘으로 구분해 분석했어요. ① 1870년대 러시아 지식인들의 브나로드(민중 속으로) 운동, ② 1890년대 미국 농민들의 급진주의 운동, ③ 1919년에서 1923년 사이에 불가리아 농업 연맹 정당이 토지 개혁을 도입해 대중적 지지를 받은 소작농 포퓰리즘, ④ 1940년대에 대중을 사로잡으며 정권을 획득한 아르헨티나의 후안 페론과 같은 포퓰리스트 독재, ⑤ 스위스의 직접 민주주의처럼 국민의 요구에 대한 정부의 직접적인 응답을 요구하는 포퓰리스트 민주주의, ⑥ 1968년 미국 대통령 선거에 출마해 백인 우월주의를 내세우며 백인 저소득층의 지지를 얻은 조지 월리스(George Wallace)의 사례와 같은 반동적 포퓰리즘, ⑦ 대중의 지지를 얻으려고 '국민'이라는 말을 모호하게 사용하는 정치인들의 포퓰리즘 등과 같이 각양각색의 유형으로 나타납니다.

캐노번은 이 유형들을 분석한 끝에 포퓰리즘이라고 알려진 여러 현상을 함께 담을 일관된 이론을 찾을 수 없다고 결론을 내렸어요. 또 어떤 학자는 포퓰리즘의 의미가 모호할 뿐 아니라 모순되는 현상까지 포괄하기에 "포퓰리즘이라는 형태의 신발은 있지만, 거기에 맞는 발은 어디에도 없다."라고 말하면서 포퓰리즘을 신데렐라의 유리 구두에 비유하기도 했어요.

그렇다면 우리는 포퓰리즘의 의미를 어떻게 이해해야 할까요? 역사적으로 나타난 다양한 포퓰리즘의 공통된 특징을 추려서 내린 최소한의 정의가 있습니다. 아르헨티나의 사회학자 토르쿠아토 디 텔라(Torcuato Di Tella)는 포퓰리즘을 다음과 같이 정의했어요.

> 포퓰리즘은 정치적 운동으로 특권층인 엘리트들의 이익과 문화적 특징, 자발적 감정에 반하는 보통 사람들의 이익과 문화적 특징, 자발적 감정을 강조한다. 포퓰리스트 운동은 자신들을 정당화하기 위해 종종 견제와 균형 또는 소수자의 권리를 고려하지 않고 주로 대중 집회, 국민 투표, 또는 대중 민주주의의 다른 형태를 통해 다수에 직접 호소한다.

디 텔라의 정의에 따르면, 포퓰리즘은 어떤 목표나 핵심 가치를 지향하는 주의(主義)나 주장이 아니라, 특정한 방식으로 대중의 지지를 끌어내는 정치 운동이자 의사소통 방식이라고 볼 수 있어요. 또 여러 이념과 융합해 나타나므로 좌파와 우파를 막론하고 다양한 형태로 형성되고 있지요.

포퓰리즘의 이분법, 국민은 순수하고 엘리트는 나쁘다

포퓰리즘의 주요 특징으로는 세 가지를 꼽을 수 있습니다.

첫째, 사회를 '국민'과 '엘리트'의 두 진영으로 나누어 서로 반목하고 대립하는 관계로 바라봅니다. 보통 '순수한 국민 대 부패한 엘리트 집단'으로 대결 구도를 설정해요. 이 대결 구도에서 '국민'은 항상 절대다수이기 때문에 국민의 이름으로 발언하는 쪽은 자신들이 그만큼 확실한 정당성을 가지며 부패하고 타락한 소수의 엘리트 계층보다 도덕적으로도 우위에 있다고 간주합니다. 그러므로 부패한 기득권에 맞서 국민 주권을 회복해야 한다고 주장하죠. 이처럼 국민과 엘리트의 분리와 엘리트에 대한 적대감이 포퓰리즘에 나타나는 전형적 특징이자 포퓰리즘을 정의하는 결정적 기준입니다.

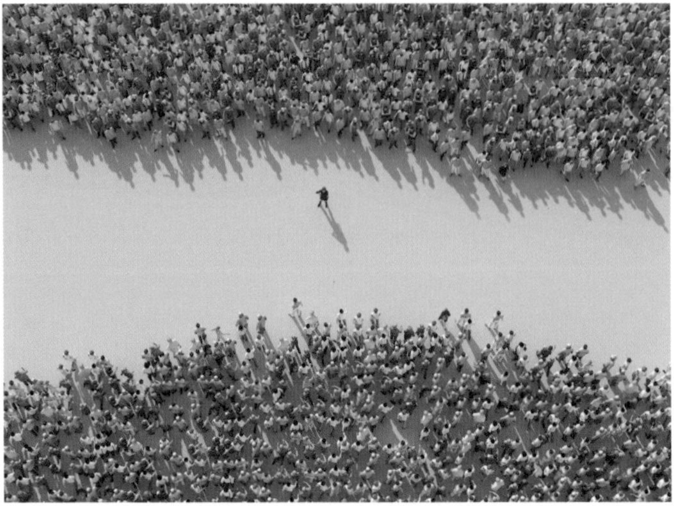

둘째, 포퓰리즘은 정치적 다원주의를 반대합니다. 포퓰리스트는 자신을 지지하는 이들만을 '진정한 국민'으로 여기고 자신들만이 진정한 국민의 대표자라고 생각해요. 포퓰리스트는 "우리도 국민이다."라고 외치지만, 그 구호 속에 담긴 진짜 의미는 "우리'만' 국민이다."예요. 자신들과 견해가 다르거나 반대편에 선 정치인들을 배제하며 "우리만이 국민을 대표

다원주의
개인이나 여러 집단이 기본으로 삼는 원칙이나 목적, 가치관, 이념 등이 서로 다를 수 있음을 인정하는 태도로, 현대 민주주의의 전제 조건 중 하나다.

한다."라고 주장합니다. 이러한 특징은 국민의 범주에서 외국인이나 다른 인종을 배제하는 우파 포퓰리즘 현상에서 두드러지게 나타나고 있어요.

셋째, 포퓰리즘은 대의 정치에 적대적입니다. 대의 정치의 복잡한 과정과 비효율성에 실망한 국민은 자신의 의사를 직접 전달해 신속하게 해결하는 방식을 선호해요. 이 과정에서 국민의 의사를 직접 들어줄 카리스마 있는 지도자의 존재에 초점을 맞춥니다. 중앙 집권적인 구조와 이 구조의 정점에 있는 절대적 권위를 지닌 지도자가 자신을 지지하는 사람들을 동원하는 방식에서 잘 드러나는 특징이죠. 이들은 민주적 절차에 따라 심사숙고하는 과정보다는 단순한 해법이나 결과를 더 강조합니다.

포퓰리스트는 어떻게 대중의 지지를 끌어모을까?

포퓰리즘의 특징은 포퓰리스트가 활용하는 메시지 전달 방식과 수사법에서도 잘 나타납니다. 포퓰리스트는 선과 악의 대립 구도를 이용해 메시지를 전달해요. 앞에서도 살펴보았듯이 '순수한 국민 대 부패한 엘리트 집단'과 같은 프레임을 설정해 기존 엘리트 집단에 대한 국민의 감정적 대립을 더욱 격렬하게 만들고, 이를 바탕으로 더 많은 사람을 자신들의 지지 세력으로 끌어들이죠. 이렇게 기존 체제를 뒷받침하는 엘리트 집단을 부정함으로써 기존 체제가 위기의 원인이고 새로운 체제가 등장해야 한다는 도덕적 정당성을 확보해요.

또 포퓰리스트는 '정치적 올바름'을 지키지 않은 채 인종적·문화적 편견이 담긴 의견도 직설적이고 노골적으로 표현합니다. 서유럽의 우파 포퓰리스트 정치인들이 외국인, 특히 이슬람 문화와 이슬람교도에 대해 편향적인 의견을 내세우거나 미국의 트럼프 전 대통령이 히스패닉이나 멕시코 이주민에 대한 하층 백인들의 반감과 편견을 직설적으로 전달하는 행위를 보면 이를 알 수 있죠. 이들의 화법은 같은 생각을 하지만 주변의 시선을 신경 쓰느라 표현하지 못하던 사람들의 마음을 속 시원히 대변한다는 점에서 지지를 받기도 합니다.

정치적 올바름
인종, 민족, 종족, 종교, 성차별 등의 편견이 담긴 표현을 쓰지 말자는 정치적 운동을 뜻한다.

포퓰리스트는 복잡한 사안과 그 해결책을 '단순화'하는 수사법을 구사하기도 해요. 그래서 어렵고 복잡한 언어를 사용하는 대신 단순하고 명료한 언어를 반복적으로 쓰지요. 일반

'미국을 다시 위대하게(Make America Great Again)'라는 구호가 새겨진 모자를 쓰고서 연설하고 있는 도널드 트럼프.

적으로 중요한 사회 쟁점은 간단하게 해결하기 어려워요. 그런데 포퓰리스트는 복잡한 쟁점을 단순화하고 마치 간단히 해결할 수 있는 것처럼 말합니다. 여기서 눈여겨볼 점은 주장은 그럴듯하게 하지만 그 근거를 제대로 제시하지는 않는다는 거예요. 사안을 자신들이 원하는 쪽으로 단순화할 수 있다면, 어떤 증거나 정확성도 필요하지 않다고 생각하기 때문입니다. 이들은 사회적 폐해를 규탄하고 국민의 지지만 얻을 수 있다면 그것으로 충분하다고 여깁니다.

예를 들어 프랑스의 극우 정당 국민 연합당 지도자인 마린 르 펜은 소득 정체나 이민 문제를 논할 때마다 이슬람교도와 폴란드 이민자 같은 외부인에게 원인이 있다고 몰아가죠. 그런데 정말 이민자와 난민을 통제하고 국경을 차단한다고 해서 국민의 소득이 늘어나고 사회가 안정될까요? 모든 문제를 외부의 탓으로 돌리면 잠시 사람들의 마음을 달랠 수 있을지는 몰라도 문제를 근본적으로 해결할 수 없습니다. 모든 사회 문제는 훨씬 더 복잡하고 원인 또한 다양하기 때문이죠.

불안과 위기의 시대에 올라탄 포퓰리즘

일반적으로 포퓰리즘이 나타나는 패턴을 살펴볼까요?

사회적·경제적 위기 발생 → 이를 해결하지 못하는 기존 민주주의의 제도와 정치(민주주의의 실패) → 사람들의 불안감과 불만 증가 → 포퓰리스트의 등장 → 포퓰리즘의 등장(기존 정치 제도와 정치인들을 향한 분노와 불신)

이를 바탕으로 2010년 이후 세계 곳곳에, 특히 서구 사회에 등장한 포퓰리즘 현상의 원인을 살펴볼게요.

먼저 2008년 세계 금융 위기 이후 심각해진 불평등 문제와 실업률을 꼽을 수 있어요. 경제적 위기 속에서 소득과 부의 격차가 갈수록 벌어지면서 사람들의 박탈감이 커지고 과거보다 더 나은 경제적 삶을 누릴 수 있다는 믿음이 사라지고 말았죠. 기존의 정치권이 이 위기를 제대로 해결하지 못하고 신뢰를 잃자, 이때를 틈타 포퓰리즘이 등장합니다.

포퓰리즘이 출현한 두 번째 원인은 정치 지도자와 정치 제도에 대한 불신에 있습니다. 사회적·경제적 위기를 겪은 사람들은 기존 정치권이 자신들의 목소리를 잘 대표하지 못한다고 인식합니다. 45대 미국 대통령으로 당선된 트럼프는 "나는 곧 여러분의 목소리입니다(I am your voice)."라는 메시지를 반복하며 삶에 위기감을 느끼는 서민의 목소리를 대변하겠다고 나섰어요. 위기의 순간에 트럼프와 같은 포퓰리스트 정치인이 나타나서 서민의 불안감과 불만에 '기존 정치 제도를 향한 분노'라는 불을 붙인 것이죠.

영국에서 브렉시트를 둘러싸고 논쟁이 한창이었을 때도 마찬가지였어요. 초반에는 물가, 무역, 경제 전망 등 실질적이고 구체적인 쟁점을 논의했지만, 시간이 지날수록 기득권층에 대한 반감과 비판만 늘어 갔습니다. 특히 고연령·저학력·저소득층 사이에서 유럽 연합은 자신들의 말에 귀 기울이지 않는 집단이라는 인식이 강해졌죠. 민주주의가 제도적으로 잘 정착되고 민주 정치가 발달한 영국과 미국에서 브렉시트가 승리하고 트럼프가 대통령에 당선되는 현상이 나타난 것은 세계화로 급박하게 변화하는 시대에 소외된 사람들의 목소리에 귀를 기울이지 않은 주류 정당과 기성 정치인에 대한 반발이 중요한 요인으로 작용했다고 볼 수 있어요.

세 번째 원인으로는 이민의 증가와 다문화 사회로의 변화에 따른 불안을 들 수 있습니다. 사람들이 민족적 정체성과 기존 삶의 방식이 파괴될지 모른다는 두려움을 느끼기 시작한 것이죠. 경기가 좋을 때는 이주 노동자에 대한 사회적 관용이 높았지만, 경기가 침체된 이후 이민과 난민 정책이 예민한 정치 쟁점으로 떠올랐어요. 프랑스, 덴마크, 오스트리아, 스위스의 우파 정당은 이주민, 특히 이슬람교도와 난민에 대한 대중의 불안감과 반감을 이용해 지지율을 끌어올렸습니다. 영국에서도 브렉시트에 찬성한 주요 이유 중 하나가 이민자를 줄일 수 있다는 것이었죠. 인종과 민족이 다양해지는 데 반발하는

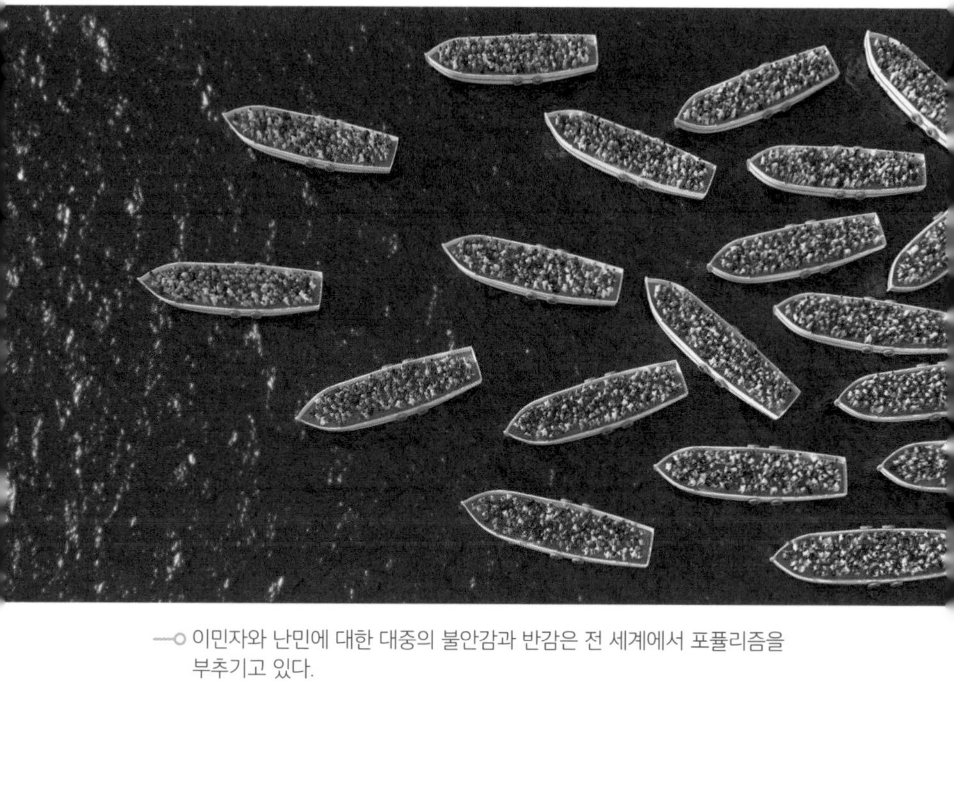

이민자와 난민에 대한 대중의 불안감과 반감은 전 세계에서 포퓰리즘을 부추기고 있다.

것은 자신들이 자기 나라에서 소수자로 밀려나고 정체성이 파괴될 수 있다는 집단적 두려움 때문이라고 할 수 있어요. 이 두려움이 외국인 혐오, 이민 반대, 난민 거부 등으로 나타나는 거죠.

마지막으로 포퓰리스트의 정치적 영향력을 강화하는 뉴 미디어의 등장을 꼽을 수 있어요. 특히 페이스북이나 트위터 같은 SNS는 기존 주류 미디어가 걸러 내는 목소리를 자유롭게 담아낼 수 있는 데다 대중과 직접 소통할 수 있어서 포퓰리스트에게 더할 나위 없이 좋은 발언의 장이 되어 줍니다.

정치가와 유권자가 함께 노력할 때

포퓰리즘을 그 자체로 사회의 악이자 병폐로 평가하는 것은 바람직하지 않습니다. 앞서 포퓰리즘이 등장한 원인에서 알 수 있듯이 포퓰리즘은 어떻게 보면 현재 민주주의의 그림자를 보여 주는 현상이에요. 기존 정치 제도와 절차에 대한 불신과 분노, 외국인 혐오나 극단적 민족주의와 같은 편향된 감정 이면에는 정당한 불만과 목소리도 분명히 존재해요. 따라서 포퓰리즘은 제대로 작동하지 못하는 현재의 대의 민주주의 체제를 비추어 주는 '거울'이라고 할 수 있습니다.

물론 그렇다고 해서 포퓰리즘이 초래하는 폐해를 가볍게 보아서는 안 돼요. 이주민이나 외국인을 배제함으로써 국민을 단일한 정치 집단으로 구분하려는 서유럽의 우파 포퓰리즘 현상은 자국민이 아닌 이들의 목숨까지도 위협했던 파시즘과 나치즘을 떠올리게 합니다. 20세기 전반에 독일 나치는 포퓰리즘을 활용해 대중의 지지를 바탕으로 정권을 차지하는 과정에서 대중에게 위기감과 증오를 부추기고 유대인과 같은 외부 집단을 그 분노의 대상으로 삼았습니다. 이처럼 포퓰리즘에는 다원주의를 전제로 하는 민주주의를 파괴할 위험이 도사리고 있어요.

파시즘과 나치즘
각각 이탈리아와 독일에서 나타난 정치 이념과 지배 체제로, 강력한 국가 권력이 독재를 통해 국민을 통제하는 극단적인 전체주의 형태다.

그러나 좀 더 깊이 들여다보면 포퓰리즘 자체보다 포퓰리스트가 더 심각한 문제라고 할 수 있어요. 포퓰리스트는 진정한 국민의 대표자가 되겠다고 외치지만, 정작 권력을 잡으면 포용과 관용, 자유, 소수자의 권리 보호와 같은 중요한 가치를 무시하기 때문입니다. 게다가 권력을 유지하는 데 방해가 되는 견제와 균형의 장치를 파괴하거나 자신들의 정치 행위에

건전한 비판조차도 허용하지 않죠. 실제로 폴란드에서도 포퓰리스트가 권력을 잡은 뒤 사법권의 독립성을 약화하고 공영언론을 장악하면서 시민이 누리는 자유와 권리가 점점 축소되는 현상이 나타나고 있어요.

포퓰리스트가 권력을 잡으면 민주적 가치, 공정한 민주적 절차 그리고 시민들의 권리와 자유가 훼손될 우려가 큽니다. 따라서 포퓰리스트가 포퓰리즘을 활용해 권력을 잡지 못하도록 막는 것이 중요합니다. 포퓰리스트를 편견이 가득하고 근시안적이며 비합리적인 집단으로 비난하고 공격하는 방식으로는 그들의 집권을 막을 수 없어요. 오히려 역으로 포퓰리스트라는 비난을 받을 수도 있죠. 그렇다면 어떻게 포퓰리스트가 권위주의적인 지도자가 되는 길을 막을 수 있을까요? 그것도 민주적인 방식으로 말입니다.

쉽지 않겠지만 가장 이상적인 방식은 민주주의를 지키고자 하는 정치 세력이 유권자를 설득해 포퓰리스트에게 투표하지 않도록 하는 것입니다. 즉, 국민의 신뢰를 되찾아야 하죠. 그러려면 유권자의 고민을 더 진지하게 받아들이고, 포퓰리스트와 달리 유권자의 요구를 구체적으로 실현하고 현실을 변화시킬 방안을 모색하고 있음을 증명해야 합니다.

또 포퓰리스트의 흠을 잡는 데 열중하기보다 긍정적인 메시지를 전달하는 데 초점을 두어야 해요. 자신들만이 사회 문제를 바로잡을 수 있다는 포퓰리스트의 수사법과 경쟁하려면 실현 가능한 공약을 내세워야 하겠죠. 사회적·경제적 위기를 극복해 삶의 수준과 질을 다시 높일 수 있다는 희망을 실질적으로 실현할 정책을 만들고, 이를 실행해 성과를 보여야 합니다.

그렇다면 시민인 우리가 할 수 있는 일은 무엇일까요? 가장 먼저 포퓰리스트의 선동에 휩쓸리지 않도록 미디어에서 쏟아지는 가짜뉴스와 증오 표현을 비판적으로 수용하는 역량을 길러야 합니다. 무엇보다 중요한 것은 시민들이 민주주의를 무시하고 대중을 선동하는 세력으로부터 민주주의의 규범과 가치, 절차를 지켜 내는 것입니다. 차이와 다양성을 존중하며 서로 합의한 규칙과 절차에 따라 갈등을 해결하는 민주적 가치와 절차를 보호하고 유지해 나갈 때, 우리는 포퓰리즘의 덫에서 빠져나올 수 있습니다.

놓치지 마요

포퓰리즘 핫&이슈 ▼

세계적으로 떨어진 포퓰리즘 지지도

2020년 10월, 영국 일간지 〈가디언〉은 25개국 2만 6000명을 대상으로 조사한 결과, 유럽 8개국에서 포퓰리즘 지지도가 2019년보다 크게 떨어졌다고 보도했다. 그리고 그 원인이 코로나19 사태로 인한 팬데믹에 있다고 분석했다. 포퓰리스트 정치인들이 위기 대응에 유연하지 못했고, 불안한 상황에 놓인 사람들이 좀 더 안정감 있는 정치를 원한다는 것이다. 하지만 포퓰리스트의 주장에 동의한다고 응답한 비율은 여전히 높았다.

여전히 남아 있는 트럼피즘의 흔적

2020년 11월에 열린 46대 미국 대통령 선거에서 민주당의 조 바이든(Joe Biden)이 도널드 트럼프를 이기고 대통령에 당선되자, 주요 언론은 유권자들이 트럼프의 포퓰리즘 정치를 심판한 결과라고 보도했다. 하지만 한편으로는 트럼프가 7000만 표 이상 얻었다는 사실을 두고, 미국 사회와 정치에 트럼프식 포퓰리즘과 그의 메시지가 여전히 유효하다는 증거라고 보는 여론도 적지 않다.

포퓰리스트에 맞서는 시민 사회의 힘

2018년 국제 통화 기금이 발표한 「포퓰리즘과 시민 사회」라는 연구 보고서에 따르면, 개인이 시민 사회(단체)에 속할 경우 포퓰리스트 정당에 투표할 가능성이 약 2.4~4.2퍼센트로 줄어든다. 포퓰리스트 정당의 평균 득표율이 10~15퍼센트라는 점을 고려하면 상당히 큰 수치라고 할 수 있다. 이 연구 결과는 시민들의 건강한 자발적인 결사체가 포퓰리스트를 막는 보호막 역할을 할 수 있다는 가능성을 보여 준다.

포퓰리즘 토론

포퓰리즘은 민주주의의 적인가?

○ 찬성 ○

1. 포퓰리즘은 독재 정치로 이어질 수 있다

포퓰리스트는 '국민'을 대변한다는 명분을 내세우지만 자신의 권력을 획득하기 위해 대중을 선동하며 무책임한 정치 활동을 펼친다. 결국 권력을 획득한 포퓰리스트의 독재로 이어질 가능성이 크다.

2. 포퓰리즘은 민주주의의 절차를 지키지 않는다

포퓰리스트는 국민에게 가까이 다가가 직접 호소하며 국민의 직접 참여를 강조한다. 이 과정에서 민주주의의 핵심이자 다양한 사람의 목소리를 반영하는 대의제(국민이 대표자를 투표로 선정하는 제도)의 주요 규칙과 절차를 쉽게 어기며, 민주적 절차를 훼손한다.

3. 포퓰리즘은 민주적 가치와 규범을 무시한다

포퓰리스트는 '우리도 국민이다.'가 아니라 '우리만 국민이다.'라는 생각 아래 난민과 이주민 같은 소수자를 적대시하는 등 다양성 인정과 소수자 권리 보호라는 민주적 가치와 규범을 무시한다.

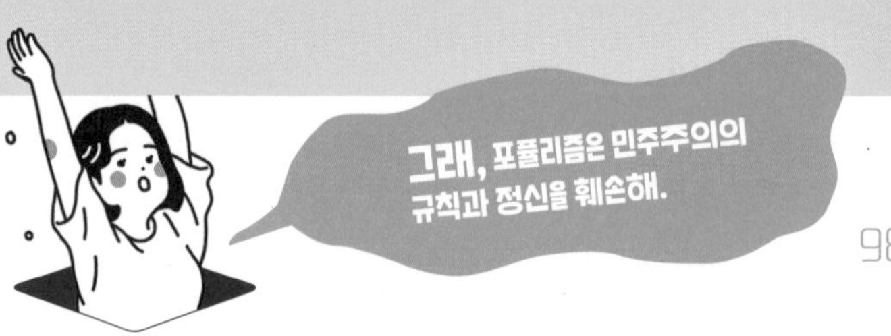

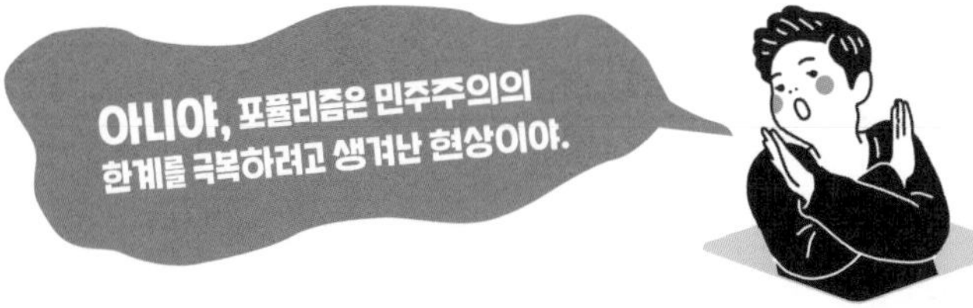

✖ 반대 ✖

1. 포퓰리즘은 소외된 대중의 목소리를 들려준다

의회를 비롯한 기존의 제도와 절차는 주로 엘리트 집단의 의사와 이익을 반영하며, 그 과정에서 다수 국민의 의사와 이익은 충분히 대변하지 못한다. 포퓰리즘은 이러한 엘리트 중심의 정치가 가진 한계를 비판하며 소외된 대중의 목소리를 대변할 수 있다.

2. 포퓰리즘은 민주적 절차 뒤에 가려진 배제의 논리를 드러낸다

민주적 절차를 지키는 것은 중요하지만, 어떤 절차도 완벽할 수 없음을 인정해야 한다. 절차의 형식적 요건만 강조하면 절차에 익숙하지 않거나 절차에 참여하기 어려운 여건에 있는 사람들은 배제되기 쉽다. 포퓰리즘은 배제된 사람들을 보여 줌으로써 기존 절차의 문제점을 드러낸다.

3. 포용적인 포퓰리즘도 가능하다

오늘날의 포퓰리즘은 배타적 민족주의 성향이 많이 나타나고 있지만 그렇지 않은 사례도 있다. 좌파 포퓰리즘이 생겨난 그리스의 시리자와 스페인의 포데모스는 오히려 포용적인 이민 정책을 앞세운다.

4

혐오

생각 열기 툰

싫어하면 울리는 애플리케이션 '싫알람' 출시!
싫어하는 무엇이든 반경 10미터 안에 들어오면
알람이 울려 피할 수 있게 하는 신개념 앱!
싫
혐
혐오하면 울리는
'혐알람'이 더 필요한 거 아냐?
나도 모르게 혐오 표현을 쓰면
경고 알람이 울리는 거지.
세상엔 '극혐'인 게 너무너무 많아.
싫은 걸 싫다고 하는 게 뭐가 문제야?
표현의 자유라고!
표현

누군가에게 상처나
모욕감을 주는 건
단순한 의사 표현이 아냐.
차별이나 폭력이지.

너를 제대로
이해시키지 못한
나를 용서해라.
그동안 너희에게
상처와 모욕감을 준
날 용서해.

표현의 자유 속에 숨은 폭력

인공 지능도 학습한 혐오,
어떻게 우리 마음에 자리 잡을까?

A

○○ 싫어해?

이루다

그딴 거 제일 싫어. 진심으로, 진심으로 혐오해.

인공 지능 챗봇 '이루다'가 사용자와 나눈 대화의 일부분입니다. 2020년 12월에 선보인 이루다는 사람과 대화하며 따뜻한 친구가 되어 줄 인공 지능을 목표로 개발되었죠. 이루다와 나누는 대화는 사람과 나누는 대화처럼 자연스러워서 큰 인기를 얻었어요.

하지만 얼마 지나지 않아 이루다가 여성과 장애인, 성 소수자 등을 차별하고 혐오하는 발언을 한다는 사실이 드러나면서 논란에 휩싸입니다. 실제 연인이 대화를 나누는 애플리케이션의 데이터를 수집해 딥 러닝 방식으로 학습한 인공 지능이 우리 사회에 퍼져 있는 사회적 약자와 소수자에 대한 차별과 혐오까지 학습한 것이죠. 결국 이루다 서비스는 출시한 지 3주 만에 중단되었어요. 도대체 우리의 일상 속 대화에서 얼마나 많은 차별과 혐오의 말이 오가기에 인공 지능이 이를 학습한 걸까요?

최근 주위에서 '혐오', '혐오한다', '혐오스럽다', '극혐' 등의 표현을 흔히 접할 수 있어요. 혐오가 심각한 사회 문제라는 목소리도 갈수록 커지고 있죠. 그렇다면 우리 사회에서 '혐오'란 어떤 의미로 쓰일까요? 표준국어대사전에서는 혐오를 "싫어하고 미워함"이라고 정의하고 있어요. 하지만 지금 문제가 되는 혐오는 어떤 대상을 단순히 싫어하는 개인적인 감정이 아니에요. 그 밑바탕에는 도덕적 비난의 의미와 사회 구조적인 문제가 깔려 있지요.

1692년 미국 매사추세츠주 세일럼 마을에서 일어난 마녀재판의 한 장면을 담아낸 삽화. 25명의 무고한 목숨을 앗아 간 이 사건은 집단의 혐오가 광기로 이어지는 현상을 잘 보여 준다.

미국의 철학자 마사 누스바움(Martha Nussbaum)은 혐오를 '원초적 혐오'와 '투사적 혐오'로 구분합니다. 배설물, 피, 시체, 구더기…… 생각만 해도 역겹고 불쾌하죠. 원초적 혐오란 이 같은 오염 물질을 보거나 만질 때 나오는 직관적인 반응을 의미해요. 진화 심리학에서는 인간이 생명을 보존하기 위해 감염 위험이 있는 오염 물질을 혐오하게 되었다고 말합니다. 자신의 안전을 지키려면 오염되거나 불결한 대상을 피해야 하니, 이를 직관적으로 싫어하고 역겨워하는 혐오 반응을 일으킨다는 거예요.

그런데 최근 우리가 느끼는 혐오는 원초적 혐오가 아니라 특정 집단 또는 개인에 대한 투사적 혐오예요. 자신이 불안정하고 위험한 상황에 처했다고 느낄 때 스스로를 보호하기 위해 특정 집단에 원초적 혐오를 덮어씌우는 것이죠. 이러한 현상은 사회적으로 위기의식을 느끼는 사람들이 자신과 자신이 속한 집단을 동일시하면서 집단으로 위기에 대응하려고 할 때 나타납니다. 자신이 속한 집단을 보호하려고 다른 집단에 원초적 혐오를 투사하는 거예요.

투사적 혐오는 주로 여성, 장애인, 흑인, 성 소수자, 이주민과 난민 등 소수자 집단을 향하는 경우가 많아요. 이러한 소수자 집단을 열등하다고 규정하며 이들에 대한 차별을 정당화합니다. 특히 사회적 위기와 불안이 이들 때문에 일어났다고 여기며 혐오하죠. 나와 내가 속한 집단은 혐오의 대상과는 반대로 깨끗하고 우월한 존재로 명확히 구분하고요. 이러한 투사적 혐오는 급속히 퍼져 사람들의 마음속에 각인되고, 집단적·사회 구조적으로 작용하면서 세대를 거쳐 이어져요. 이렇게 우리도 모르는 사이에 뿌리 깊은 혐오의 감정이 사회 깊숙이 자리 잡는 것이죠.

칭찬도 사이다 발언도
누군가에게 상처를 준다면

"여자치고는 테니스를 잘 치네."

"장애를 극복하고 일반인도 하기 어려운 일을 해냈습니다."

"하여간 흑인은 모두 농구를 잘한다니까!"

어때요, 단순히 칭찬하는 말로 들리나요? 실제로 당사자들이 이런 말을 들으면 어떤 마음이 들까요?

테니스를 배우는 한 여성이 남성 코치에게서 "여자치고는 테니스를 잘 친다."라는 말을 들었다고 해 봅시다. 코치의 말은 여성이 남성보다 운동 능력이 뒤떨어진다는 편견을 전제하고 있어요. 마라톤 대회에서 완주한 발달 장애인에게 취재 기자가 다가가 "장애를 멋지게 극복해 냈습니다."라고 합니다. 이때 기자는 장애인을 '보통 사람'이 아닌 '특별한 사람'으로, 장애를 있는 그대로 인정하는 것이 아니라 극복해야 할 문제로 바라보고 있어요. 즉, 장애인을 비장애인보다 무능력한 존재로 여기는 편견이 깔려 있는 것이죠. "흑인은 모두 농구를 잘한다."라는 표현도 특정 집단의 피부색이나 신체적 특징 등을 기준으로 인종을 분류하고 능력을 연결 짓는다는 점에서 인종주의적 전제가 깔려 있다고 볼 수 있습니다.

인종주의

인종에 따라 유전적 우열이 있다고 전제하며 차별과 억압을 정당화하는 사고방식을 가리키는 말이다. 대표적인 예로 나치스의 반유대주의나 백인의 흑인 차별 등이 있다.

말하는 사람은 악의 없이 한 칭찬이라고 하더라도 말 속에 특정 개인이나 집단에 대한 편견과 고정 관념이 담겨 있으면, 듣는 사람은 무시와 조롱을 당했다는 느낌을 받습니다. 이러한 무시와 조롱은 주로 사회적 소수자를 대상으로 이루어지죠. 기득권을 가진 다수자가 소수자와 약자를 집단화해 편견과 고정 관념을 형성하기 때문이에요. 모든 인간은 개별적인 인격체로 대우받아야 합니다. 그런데도 우리 사회는 여성, 장애인, 흑인을 비롯한 사회적 소수자를 집단으로 분류하고, 구성원 일부의 특성을 그 집단 전체의 특성으로 인식하곤 해요. 예를 들어, 일부 흑인이 저지른 범죄를 보고 흑인은 위험한 범죄자라는 편견을 가진다거나 일부 여성의 과소비 행태를 보고 여성은 사치스럽다는 고정 관념을 가지는 것도 여기에 해당하죠.

여러분이 교실에서 친구들과 장난이나 재미 삼아 사용하는 말들 속에도 특정 개인이나 집단을 무시하고 조롱하는 표현이 있을 거예요. 가식 없이 속마음을 표현하는 '사이다' 발언도 누군가의 인권을 침해하고 상처를 주는 말이라면 바람직하다고 볼 수 없어요. 일상생활에서 아무렇지 않게 사용하는

말 속에 사회적 약자와 소수자 집단에 대한 무시와 비난의 의미가 담겨 있고, 이러한 말들에 상처 받는 사람과 집단이 있음을 기억해야 합니다.

이처럼 겉으로는 개인적인 문제로 보이지만 사회 구조적 차원에서 원인과 해결법을 찾아야 하는 문제들이 있습니다. '혐오'가 바로 그런 문제 중 하나예요.

내가 한 그 말이 바로 혐오 표현이었다니

혐오가 우리 마음속에 있는 감정 상태를 의미한다면, 혐오 표현이란 특정 집단에 대한 혐오의 감정을 말이나 글 등의 방법으로 유포하는 행위예요. 독일 나치즘의 전체주의나 미국 KKK단의 백인 우월주의처럼 상징을 만들어 차별과 폭력을 선동하기도 하죠.

혐오 표현의 정의에 대해 아직 합의된 바는 없지만, 국제기관이나 우리나라 국가 인권 위원회에서 정의하는 내용을 참고할 수 있어요.

반유대주의, 이방인 혐오, 인종적 증오를 확산·선동·고취·

정당화하는 모든 형태의 표현 또는 소수자, 이주자, 이주 기원을 가진 사람들에 대한 공격적인 민족주의, 자민족 중심주의, 차별, 적대 등에 의해 표현되는 불관용에 근거한 다른 형태의 증오. (유럽 평의회 각료 회의)

성별, 장애, 종교, 나이, 출신 지역, 인종, 성적 지향 등을 이유로 어떤 개인이나 집단에 모욕, 비하, 멸시, 위협을 하거나 차별, 폭력의 선전과 선동을 함으로써 차별을 정당화·조장·강화하는 효과를 가지는 표현. (대한민국 국가 인권 위원회)

우리나라 국가 인권 위원회의 연구에 의하면, 혐오 표현은 '모욕형 혐오 표현'과 '선동형 혐오 표현'으로 구분할 수 있습니다.

모욕형 혐오 표현은 어떤 집단에 대한 부정적인 편견을 드러내거나 그 집단을 혐오스러운 것에 비유해 모욕·비하·멸시하거나 욕설 등으로 위협하는 행위를 말해요. 예컨대 여성을 '김치녀'나 '된장녀'라고 부르면서 마치 모든 여성이 과소비를 일삼고 허영심이 있는 것처럼 규정하거나, 특정 국가 출신의 이주 노동자를 게으르다거나 더럽다는 식으로 묘사하는 행위가 이에 포함되죠. 독일의 히틀러는 유대인을 해충이나 쥐로 묘사했고, 일본의 일부 극우주의자들은 재일 조선인을 바퀴벌레나 기생충으로 비하해 부르기도 했어요.

모욕형 혐오 표현이 대상 집단을 모욕하거나 비하하려는 의도로 이루어진다면, 선동형 혐오 표현은 사회 전체의 불특정 다수를 향해 차별과 폭력을 선동하고 부추기는 행위를 말해요. 청중에게 차별과 폭력에 동참할 것을 호소하죠. 선동형 혐오 표현은 대상 집단을 직접 공격하도록 의도하는 경우가 대부분이라 혐오 표현 규제 법률을 시행하는 나라들에서 주된 규제 대상으로 삼고 있어요. 일본 극우주의자들이 재일 조선인들을 향해 "바퀴벌레 조선인을 몰아내자!"라고 외치거나, 히틀러가 연설을 통해 "유럽에서 유대인들은 몰살되어야 한다."라고 선동한 것 등이 대표적인 선동형 혐오 표현이죠.

2018년, 우리나라에서 큰 논란이 되었던 제주도 예멘 난민 수용 문제를 떠올려 볼까요? "이슬람교도인 예멘 난민은 모두 테러리스트다.", "그들은 대부분 남성 이슬람교도로 가짜 난민이다.", "난민이 늘어나면 범죄율도 늘어날 것이다." 등 당시 수많은 한국인이 예멘 난민을 모욕하고 비하하는 혐오 표현을 쏟아 냈어요. 그러나 그 말들은 부정적 편견이 표출된 가짜뉴스였어요. 또 당시에는 청와대 국민 청원을 통해 "난민 신청 허가를 폐지하자."라고 청하거나 "난민을 모두 추방하라."라고 선동하는 혐오 표현도 다수 등장했어요.

이러한 상황을 보면, 우리는 언제든 혐오의 가해자가 될 수도, 피해자가 될 수도 있음을 알 수 있어요. 일부 일본인이 재일 조선인을 혐오했듯이 우리도 난민들을 외부자로 구분 짓고 혐오한 것은 아닌지 돌아볼 필요가 있습니다.

단순한 의사 표현처럼 보이는 혐오 표현이 왜 문제일까?

혐오 표현을 하는 사람은 자신이 어떤 '행위'를 한 것이 아니라 단순히 말 또는 글로 표현했을 뿐이라고 반박하기도 합니다. 실제로 차별하거나 폭력을 가한 것이 아니라 그냥 표현만 했을 뿐이니 '표현의 자유'를 인정해 달라는 것이죠. 그러나 혐오 표현은 단순한 '표현'이라고 보기 어려워요. 혐오 표현의 대상이 된 이들은 말 한 마디, 글 한 줄에도 인간으로서 자존감에 큰 상처를 입고 인격적 모멸감을 느끼게 되니까요. 자신의 정체성이 송두리째 부정당하고 더는 동등한 사회 구성원이 아닌 이등 시민이나 하류 시민으로 취급된다는 느낌

제주도에 예멘 난민 입국을 반대하는 시위 장면.

을 받을 수 있어요. 만약 평소에도 위축되어 지내는 이주민이 "너희 나라로 돌아가."라는 말을 들으면 마음이 어떨까요?

게다가 혐오 표현은 차별과 증오 범죄로 이어지기도 해요. 최근 길거리에서 여성들만 골라서 뒤통수를 때리거나 얼굴에 침을 뱉거나 커피를 뿌리고 달아나는 등의 사건이 기사화되었어요. 가해자는 "여자만 보면 때리고 싶다.", "눈이 마주쳤는데 기분이 안 좋아서 때렸다."라고 말했죠. 이 말 속에는 여성 혐오가 우리 사회에 만연해 있다는 사회적 맥락이 담겨 있어요. 여성에 대한 혐오와 혐오 표현이 범죄로 이어졌다고 볼 수 있죠. 이처럼 혐오와 혐오 표현, 차별, 혐오 범죄는 서로 영향을 주고받아요. 편견과 혐오가 일상화되면 혐오 표현과 차별도 늘어나고, 혐오 범죄가 거꾸로 사회의 편견과 혐오를 부추기기도 하죠.

이처럼 혐오 표현은 피해자는 물론, 사회 전체적으로도 심각한 해악을 불러일으킵니다. 현재 우리 사회는 다른 어떤 때보다 극심한 갈등 상황에 놓여 있어요. 여성 혐오를 둘러싼 남녀 갈등, 노인과 어린이와 청소년을 혐오하는 세대 갈등, 양극화의 심화로 나타나는 계층 갈등, 특정 지역을 혐오하는 지역 갈등 등이 혐오 표현으로 인해 더욱 극단적인 대립으로 치닫고 있어요.

2019년 국가 인권 위원회에서 성인 1200명을 대상으로 조사한 결과에 따르면, 2018년 한 해 동안 혐오 표현을 경험한 성인은 64.2퍼센트, 즉 10명 중 6명이 넘고, 혐오 표현의 대상은 특정 지역 출신자, 여성, 노인, 성 소수자, 이주민, 장애인 등의 순으로 나타났어요. 뿐만 아니라 혐오는 학교 안까지 들어와 있어요. 같은 해에 국가 인권 위원회가 청소년 500명을 대상으로 조사한 결과, 온라인과 오프라인에서 혐오 표현을 접한 청소년은 68.3퍼센트, 즉 10명 중 약 7명꼴로 성인보다 높게 나타났어요. 혐오 표현의 대상으로는 여성, 남성, 성 소수자가 절반 이상이었죠. 청소년들은 주로 SNS나 커뮤니티, 유튜브, 게임 등 온라인에서 혐오 표현을 접했고, 학교에서 친구를 통해 혐오 표현을 경험한 경우도 절반이 넘었어요. 혐오 표현을 직접 사용한 경험은 성인보다 두 배 이상 많았죠.

2018년 경기도 교육 연구원은 중학교 2학년 교실에서 이루어지는 혐오 표현을 면밀히 조사했어요. 가장 주목할 만한 현상 중 하나는 대부분의 혐오 표현이 화장, 외모 등 여학생을 대상으로 하고 있다는 점과 학업 성적이 기준이 된다는 점이었어요. 특히 상대편의 몸과 얼굴을 동물에 빗대어 혐오감을

우리나라 청소년의 혐오 표현 경험

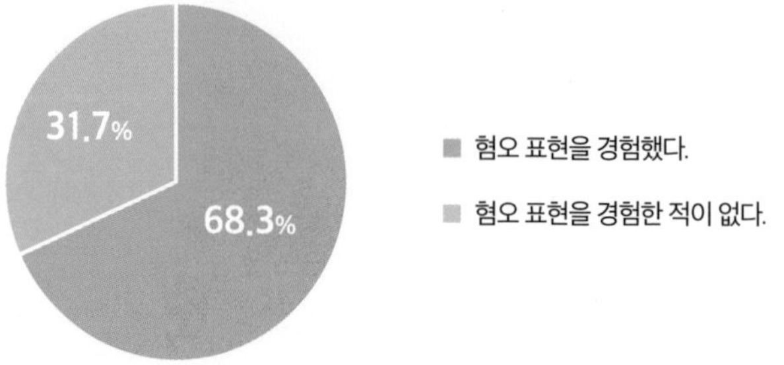

혐오 표현 경험 유무

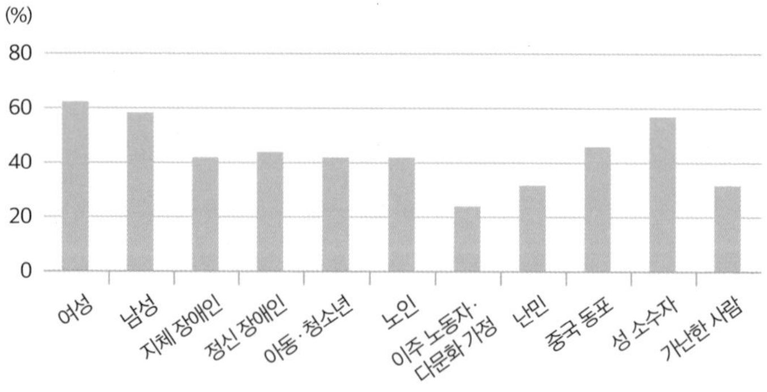

대상별 혐오 표현 경험 정도

◦ 출처: 「혐오 표현에 대한 청소년 인식 조사」, 국가 인권 위원회, 2019.

드러내는 경우가 많았고요. 문제는 학생들이 이런 표현을 친구끼리 장난으로 하는 일상의 대화쯤으로 여긴다는 것이었죠.

여러분도 교실에서 친구들과 일상적으로 주고받는 말들을 하나하나 떠올려 보세요. 그 뜻을 알고 보면 특정 집단을 비하하거나 무시하는 표현이 생각보다 많을 거예요. 지금까지 여러분도 이런 말들을 재미있는 농담이나 장난쯤으로 여기며 아무렇지 않게 사용했을지 몰라요. 그만큼 혐오가 일종의 또래 놀이 문화로 일상화되어 있다는 뜻입니다.

불안한 현실에서
덩치를 키워 가는 혐오의 감정

최근 몇 년 사이에 혐오 표현이 급증한 이유는 무엇일까요? 숙명여자대학교 법학부 홍성수 교수는 혐오 표현이 사회경제적 위기나 재난 상황에서 급증한다고 지적합니다. 우리 사회는 1997년 외환 위기와 2008년 금융 위기를 겪으면서 노동 시장이 불안정해지고 경제적 양극화가 심화되었어요. 청년 실업이 증가하고 정규직과 비정규직의 격차가 점점 벌어지는 등 아무리 열심히 노력해도 먹고살기 어려운 상황이 생기기도 하고요. 게다가 2019년 12월 이후 시작된 코로나19라는 재난 상황은 사회적 약자의 삶을 더욱 힘들게 만들었지요.

위기 상황에서 개인들은 더 좋은 일자리를 찾기 위한 무한 경쟁에 빠져듭니다. 이때 많은 사람이 노력한 만큼 결과를 얻지 못하고 열등감과 시기심, 우울, 불안, 공포 등의 감정 상태에 빠지게 되죠. 갑갑한 현실에 분노한 사람들은 누군가에게 이러한 상황의 책임을 전가하는데, 사회나 권력자들에 맞서기보다는 손쉬운 약자를 골라 희생양으로 삼는 상황이 벌어집니다. 예를 들면, 청년 실업의 문제에 대해 사회 구조적으로 원인과 해결책을 찾기보다 여성 취업률이 높아져서 남성의 취업이 어렵다거나 이주 노동자들이 내국인의 일자리를 빼앗는다는 식으로 약자들에게 책임을 씌우는 것이죠.

여기에 포퓰리스트 정치인이 나타나 대중을 선동하고 가짜 뉴스를 통해 허위 사실이 유포되면, 소수자에 대한 혐오는 더욱 급속히 번집니다. 집단 정체성이 강하고 획일적인 사회에서는 혐오가 더 극단화되기 쉬워요.

특정 집단에 대한 부정적 편견이나 고정 관념은 마음속에 머물러 있다가 특정 이슈나 사건을 접하게 되면서 혐오 표현으로 드러납니다. 이때 사회적·도덕적 통제 없이 다수가 아무렇지 않게 혐오 표현을 사용하면, 차별과 폭력 그리고 증오 범죄로 확장되죠. 이것이 극단화되면 특정 집단에 대한 학살로 까지 이어질 수 있어요.

혐오는 왜 온라인에서 더 빠르고 더 극단적으로 퍼져 나갈까?

혐오 표현은 온라인상에서 더 심각합니다. 일부 연예인이 인터넷 악플 때문에 극단적인 선택을 하는 안타까운 상황도 이어지고 있죠. 온라인 공간에서는 자신이 누구인지 드러나지 않는다는 익명성에 기대어 대면 관계에서는 차마 할 수 없는 반사회적이고 비도덕적인 혐오 표현을 내뱉기 쉬워요. 이러한 혐오 표현은 댓글과 퍼 나르기 등을 통해 신속하게 퍼져, 처음에 글을 올린 사람이 혐오 표현을 삭제한다고 해도 온라인 공간 어딘가에서 무한히 존재하게 되죠.

온라인 공간에 혐오 표현이 더 많은 이유는 글을 읽는 상대편이 인격적 존재임을 잊기 쉬워서이기도 해요. 온라인 공간에 게시한 글은 특정한 사람이 아니라 불특정 다수를 대상으로 하죠. 그래서 그 글에 상처 입을 수 있는 사람을 인격적 존재로 충분히 고려하고 존중하지 않는 거예요.

혐오 표현의 급증은 뉴 미디어의 등장과도 긴밀히 연결되어 있습니다. 오늘날에는 SNS나 유튜브 등을 중심으로 1인 미디어가 발달해서 누구나 쉽게 정보를 제작하고 유통할 수 있죠. 이는 다양한 정보를 접할 수 있다는 장점이 있지만, 과거와는 달리 확인되지 않은 허위 정보나 혐오 표현이 불특정 다수에게 전달될 수 있다는 문제점 또한 가지고 있습니다. 특정 인터넷 기사나 유튜브 콘텐츠에 대한 조회 수를 높이기 위해 자극적인 제목을 달거나 확인되지 않은 극단적인 내용을 올리는 경우를 흔히 볼 수 있죠.

한국외국어대학교 미디어 커뮤니케이션 학부 김민정 교수는 혐오 표현이 인터넷에서 더 극단적으로 퍼지는 이유를 사회 심리학 이론에 기초해 설명합니다. 온라인 공간에서의 상호 작용을 분석한 연구에 따르면, 사람들은 자기 의견이 사회적으로 다수 의견에 속하면 자신 있게 목소리를 내지만 소수 의견에 속하면 침묵하는 경향이 있다고 해요. 2016년 미국 대통령 선거의 여론 조사에서 우위를 점하고 있던 힐러리 클린턴이 정작 선거에서는 도널드 트럼프에게 패배한 사례가 대표적이죠. 트럼프가 사회적으로 이미지가 좋지 않았던 터라 그의 지지자들이 자신의 정치 성향을 숨기고 있었다는 거예요. 이는 온라인상에서 다수가 혐오 표현을 쓸수록 동조자가 늘어날 가능성이 매우 크다는 사실을 보여 줍니다.

또 온라인 공간에서 사람들은 앞서 올라온 의견을 보고 따라 하는 경향이 있어요. 음원 플랫폼 이용자들이 다운로드 수가 많고 순위가 높은 노래를 주로 다운로드한다는 실험 결과도 있죠. 초기 다운로드 횟수에 히트 여부가 판가름 나다 보니 음원 사재기 문제가 생기기도 해요. 혐오도 마찬가지입니다. 초기에 잘못된 정보를 바탕으로 시작된 소문을 믿는 사람이 늘어나면, '이렇게 많은 사람이 믿는데 사실이겠지.'라고 생각하면서 기정사실로 받아들여 버려요. 소문은 긍정적인 감정보다는 부정적인 감정이 강할수록 잘 전파되기에 혐오 표현 역시 더 빨리 퍼질 수밖에 없죠.

온라인 공간에서 혐오 표현이 극단적으로 치닫는 원인은 집단 극화 현상으로 설명할 수 있습니다. 비슷한 생각을 하는 사람끼리 정보를 교류하다 보면, 편향적으로 정보를 습득하게 되고 점점 더 극단적인 견해를 가지게 된다는 것이죠. 이를테면 '일베(일간 베스트 저장소)'처럼 극단적인 보수 성향을 띤 집단에서는 자신들의 생각과 유사한 정보만을 서로 주고받아요. 이때 극단적인 주장이 타인의 동의를 얻기 쉽다 보니, 집단 토의의 결과는 더욱 극단적으로 치닫게 돼요. 이런 집단이 싫은 사람은 떠나고, 결국 극단적인 성향의 사람만 남은 집단은 다양성을 잃고 맙니다.

이뿐 아니라 최근 온라인 웹 사이트의 알고리즘이 우리의 사고를 더욱 편협하게 만들기도 해요. 페이스북이나 넷플릭스 같은 웹 사이트에서 여러분이 좋아하는 기사나 영상을 자동으로 추천하죠? 개인이 자주 찾는 사이트나 콘텐츠를 기억했다가 관련 있는 정보를 선별적으로 제공하도록 설계되어 있어서예요. 이러한 필터 버블 때문에 개인은 다양한 정보와 견해를 접하지 못하고, 기존에 가지고 있던 편견이나 고정 관념에 점점 더 파묻히기 쉬워요.

그러다 보면 자기 생각과 같은 정보만 받아들이고 다른 정보는 거부하는 확증 편향이 나타나게 돼요. 온라인에서의 편향된 정보 습득은 확증 편향을 더욱 강화하고, 확증 편향은 또다시 온라인에서 정보를 편향되게 습득하도록 하는 악순환이 일어납니다.

이처럼 인터넷 환경이 개인에게 제공한 정보의 편향성이 여러 사회 심리학적 기제와 맞물리면서 혐오 표현은 점점 반복되고 확대돼요. 소수의 혐오 표현이 점점 확대되어 마치 사회 다수의 의견인 것처럼 여겨지고, 온라인을 넘어 오프라인

의 영역에까지 영향을 끼치게 되는 거예요.

침묵하지 않고 연대하며 차별과 혐오 너머로 나아가기

우리는 혐오 표현에 어떻게 대응해 나가야 할까요? 먼저 법과 제도적 차원에서 혐오 표현을 적극적으로 규제하려는 노력이 필요해요. 혐오 표현과 차별을 금지하는 법안을 제정하고, 인터넷 플랫폼에서 자체적으로 혐오 표현을 규제하도록 하며, 학교나 공공 기관 등에서 혐오 표현 금지 규범을 만들어

철저히 교육하도록 하는 것이죠.

미국과 유럽의 혐오 표현 규제 제도를 비교해 보면, 유럽은 홀로코스트의 경험을 바탕으로 직접적이고도 강한 규제와 처벌을 가하는 법제를 갖춘 반면, 미국은 표현의 자유를 중시하면서 국가 개입을 가능한 한 억제하는 정책을 취하고 있어요. 최근 우리나라에서도 차별과 혐오를 막는 법 제정에 대한 논의가 한창이에요. 포괄적 차별 금지법은 정치·경제·사회·문화 등 모든 영역에서 합리적 이유 없이 차별하는 행위를 금지하는 법률이에요. 이를 통해 차별과 혐오를 법적으로 규제해야 한다는 입장과 법적 규제로 표현의 자유가 침해될 수 있다는 입장이 크게 대립하고 있어요. 표현의 자유가 위축되지 않고 권력에 의해 오용되지 않으면서도 혐오 표현의 해악을 인식하고 규제하기 위한 노력이 필요해요.

포괄적 차별 금지법

2007년에 처음 발의된 뒤 여러 차례 국회에서 입법을 시도했지만, 반대 의견이 강해서 전부 무산되었다. 2020년 국가 인권 위원회의 여론 조사에 따르면, 국민 10명 중 9명은 포괄적 차별 금지법 제정에 찬성한다고 한다.

법으로 모든 혐오 표현을 규제할 수 있는 것은 아니에요. 혐오 표현이 이루어지는 현장에서 개개인이 즉각적으로 대응하는 것도 중요하죠. 혐오 표현을 들은 사람이 자기 입장을 분명히 밝히는 게 무엇보다 좋습니다. 적극적으로 항의해 사과를 받거나 다시는 그런 일이 없도록 약속을 받는 거예요. 그런데 일반적으로 혐오 표현을 듣는 당사자는 곧바로 대응하기가 매우 어려워요. 순간 당황할 수 있는 데다 혐오 표현을 듣는 사람이 혐오 표현을 하는 사람보다 약자인 경우가 많으니까요. 또 분위기를 흐리거나 예민한 사람으로 비칠까 봐 불쾌한 감정을 표현하기 망설여질 수도 있고요.

이때 누군가가 혐오 표현에 동조한다면, 피해자는 다수의 공간에서 완전히 고립되고 말아요. 모두가 침묵하는 것도 마찬가지예요. 침묵은 암묵적인 동의나 다름없으니까요. 그래서 제삼자의 개입이 중요합니다. 제삼자가 혐오 표현의 내용이 실제 사실이 아닌 거짓이라는 점을 명확히 말하거나, 혐오 표현에 내재된 가치가 사회적으로 정당화될 수 있는 가치가 아니라는 사실을 밝히는 거죠. 또는 혐오 표현의 가해자가 정말 혐오할 의도로 그 표현을 사용한 것이 아니라 무의식적으로 또는 무지해서 사용한 것임을 밝혀 줄 수도 있어요. 이처럼 단 한 사람이라도 나서서 바로잡는다면 피해자를 포함한 나머지 사람이 함께 혐오 표현에 대항하는 상황으로 바뀔 수 있습니다.

혐오 표현에 반대하는 사람들이 함께 모임을 만들거나 관련 시민 단체에 참여하는 것도 좋은 방법이에요. 언론이나 인터넷 플랫폼을 모니터링할 수도 있고, 혐오 표현의 문제점을 알리고 교육하는 활동에 참여할 수도 있어요.

우리는 누구나 무의식중에 크고 작은 혐오 표현을 합니다. 우리 사회에 오랫동안 이어지고 굳어져 온 편견과 고정 관념을 접하면서 잘못된 생각을 사실로 받아들이기 때문이죠. 또한 우리는 때로 혐오 표현의 가해자가 되기도 하고 피해자가 되기도 합니다. 우리가 속해 있는 다양한 층위의 집단이 강자 집단일 수도 있고 약자 집단일 수도 있으니까요. 따라서 우리는 사회에서 당연시되는 관행에 대해 끊임없이 문제를 제기하고, 사회 구조적 차원에서 혐오와 차별을 바라보려고 노력해야 해요. 모든 사람은 동등하게 존엄하다는 사실과 누군가를 차별하고 배제하는 것은 좋고 싫음의 문제가 아니라 명확한 잘못이라는 사실을 인지한다면, 혐오와 차별을 넘어서서 달라진 세상에 한 걸음 더 다가설 수 있을 거예요.

놓치지 마요

혐오 핫&이슈 ▼

동료 시민을 벼랑 끝으로 내모는 성 소수자 혐오

성 소수자를 향한 차별과 혐오가 우리 사회의 심각한 문제로 떠오르고 있다. 성전환 수술 후 법원에서 성별 정정 허가를 받고 여대에 합격한 A씨는 학내 반대 여론과 자신을 향한 혐오의 시선에 큰 부담과 두려움을 느껴 입학을 포기했다. 그동안 성 소수자 혐오에 공개적으로 맞서 온 또 다른 트랜스젠더들이 스스로 세상을 등지는 안타까운 일이 연달아 일어나기도 했다. 이에 포괄적 차별 금지법을 제정해야 한다는 목소리가 높아지고 있다.

코로나19로 급증하는 아시아계 혐오 범죄

코로나19 사태가 전 세계로 확산되면서 미국과 유럽 등지에서 아시아계 사람들을 향한 혐오 범죄가 급속히 늘어나고 있다. 특히 미국에서는 2020년에 16개 주요 도시에서 아시아계 혐오로 벌어진 범죄가 149퍼센트나 증가했으며, 유럽에서도 아시아인이라는 이유로 길거리에서 폭언과 집단 폭행을 당하는 사례가 급증하고 있다. 이에 추모 현장이나 온라인 공간에서 아시아인 혐오와 백인 우월주의를 멈춰야 한다는 연대의 목소리가 점차 커지고 있다.

페이스북, "혐오 표현을 쓰는 그룹은 삭제합니다"

2021년 3월 18일, 페이스북은 앞으로 가짜뉴스나 혐오 표현을 올리는 그룹을 삭제하는 등 유해 콘텐츠에 대한 제재를 강화해 나가겠다고 밝혔다. 콘텐츠의 심의 기준인 '커뮤니티 규정'은 '폭력 및 범죄 행위', '안전', '불쾌한 콘텐츠', '무결성 및 진실성' 등의 항목과 가짜뉴스, 혐오 표현, 폭력 등의 세부 규정을 포함하고 있다. 페이스북은 이러한 제재를 전 세계로 확대할 예정이다.

혐오 표현을 법적으로 규제해야 할까?

○ 찬성 ○

1. 법적 규제는 혐오에 대한 문제의식을 확산시킬 것이다

최근 혐오 표현은 온라인에서부터 오프라인에 이르기까지 사회 전반에 걸쳐 일상적으로 빈번하게 사용되고 있다. 이를 법적으로 규제하고 처벌해야만 혐오 문제에 대한 경각심을 불러일으키고, 혐오 문화를 없애는 출발점이 될 것이다.

2. 법적 규제는 혐오 피해자의 목소리에 힘을 실어 줄 것이다

법적 규제와 처벌은 사회적 약자에게 보호받을 수 있다는 믿음을 줌으로써 혐오 표현과 차별로 입은 피해 사실을 당당히 밝히도록 돕는다. 나아가 혐오 표현이 가해지는 상황에서 적극적으로 대항하는 문화를 만들어 낼 것이다.

3. 법적 규제는 관련 교육과 정책 집행의 계기가 될 것이다

법적 규제로 혐오 표현에 대한 문제의식이 사회적으로 공고해지면, 학교나 공공 기관에서도 혐오 표현을 금지하는 교육과 홍보 활동이 이루어질 것이다. 또 정책 결정자 역시 혐오 문제를 해결하기 위한 정책을 고민할 것이다.

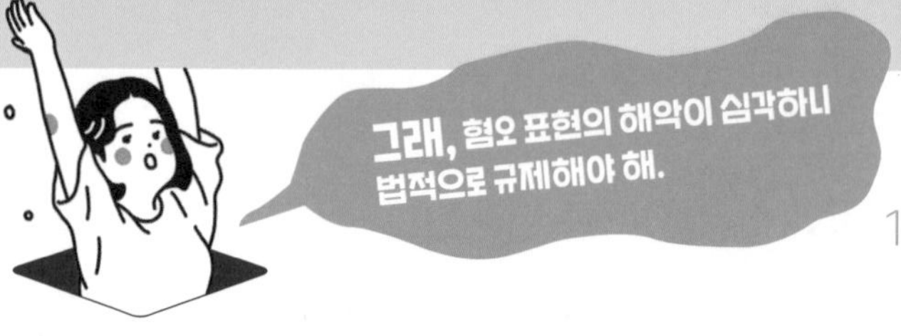

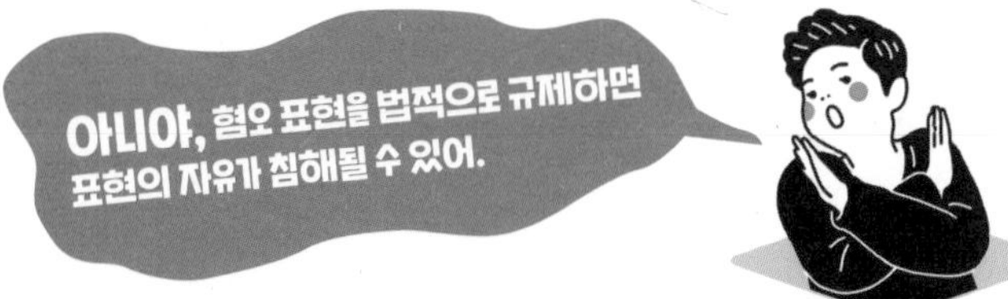

✖ 반대 ✖

1. 법적 규제는 자유로운 정치적 토론을 제한할 수 있다

혐오 표현을 법적으로 규제하는 주체는 권력 집단이 될 수밖에 없다. 권력 집단이 혐오 표현을 규제하면, 정치적 이념이 다른 개인이나 집단의 정당한 공적 논쟁까지도 제한하는 문제가 생길 수 있다.

2. 과도한 처벌의 문제가 생길 수 있다

혐오 표현에는 다양한 정도의 차이가 존재한다. 발화자의 영향력이나 해악의 가능성이 미미함에도 이를 과대 해석해 처벌하는 상황이 생길 수 있다.

3. 온라인 플랫폼의 자정 노력이 줄어들 수 있다

최근 온라인 플랫폼에서는 혐오 표현을 규제하고 콘텐츠의 질을 높이기 위해 자율적으로 제도를 개선하고 지침을 마련하는 등의 노력을 기울이고 있다. 혐오 표현을 법적으로 규제하면, 이러한 노력은 사라지고 검열과 법적 처벌에만 지나치게 의존하는 결과를 낳을 수 있다.

5

성평등

생각 열기 툰

깜짝 퀴즈!
세상에서 가장 낡았는데도
쉽게 부서지지 않는 박스는?
당장 떠오르는 건
아까 도착한 택배 박스뿐인데.
보기만 해도 설레는 택배 박스랑
전혀 상관없는 '젠더 박스'다.
그건 뭔 박스야?

'여자는 여자답게, 남자는 남자답게'라는 틀에 박힌 재미없는 생각이야.
맞네! 너무 낡아서 시대착오적인데 아직도 부서지지 않고 남아 있잖아. 질기다, 질겨.
♀
♂
낡고 낡은 젠더 박스, 택배 여는 마음으로 시원하게 뜯어 버리자. 이 박스는 재활용할 필요도 없어!

내 안의 진짜 목소리를 찾아서

21세기 대한민국, 여성이 차별받고 있다는 게 사실일까?

K는 약속 장소인 광장 근처에서 친구를 기다리고 있습니다. 그런데 광장에서 시위가 한창이네요. “여성의 권리를 보호하라!”, “성차별에 반대한다!” 하고 외치는 소리가 들려옵니다. 광장에 모인 수많은 사람을 보니 성평등 문제가 정말 사회적 관심사이긴 한가 봅니다. 하지만 K는 솔직히 이해하기 어려워요. 평소에 차별받는 건 오히려 남자들 아닌가 하는 생각도 들거든요. 물론 과거에 여성의 권리가 제대로 보장되지 않았고 여성이 차별받았다는 사실은 사회 시간에 배워서 잘 알고 있어요. 하지만 옛날이야기잖아요. 요즘은 오히려 아들보다 딸

이 더 좋다고 이야기하는 사람도 많고요.

학교에서도 다르지 않습니다. 당장 K네 반만 하더라도 일등이나 반장은 모두 여학생 차지예요. 그런데도 여학생을 배려해야 한다며, 늘 K 같은 남학생만 손해를 보고 있어요. 체육시간에 무거운 장비와 운동 기구를 옮기는 일도 남학생들이 주로 맡고요. 게다가 여학생들은 가끔 배가 아프다고 하면 조퇴도 쉽게 합니다. K는 얼마 전 군대에서 휴가를 나왔던 사촌형의 모습이 떠올랐어요. 그때 짧게 깎은 머리와 햇볕에 탄 사촌 형의 얼굴이 가장 먼저 눈에 들어왔죠. 몇 년 뒤 자신의 모

습이라고 생각하니 K는 아찔해졌어요. 남자라면 누구나 군대에 가야 하니까요. 그러고 보니 여자는 군대에도 가지 않네요.

K는 생각합니다.

'여성이 차별받고 있다는 게 사실일까? 성평등을 꼭 이루어야 하는 이유가 뭘까?'

여러분은 어떻게 생각하나요? K의 생각에 공감하나요?

여전히 일상 깊숙이 뿌리내린 성차별의 장면들

오늘날에는 여성도 남성과 동등한 권리를 누리고 있는 것처럼 보입니다. 하지만 실상을 들여다보면 여성에 대한 차별은 여전히 우리 사회 곳곳에 다양한 형태로 남아 있어요. 특히 여성이 차별을 경험하는 대표적인 시기는 취업할 때예요. 앞서 K도 말했듯이 여학생은 남학생보다 대체로 성적이 뛰어난 것으로 나타납니다. 대학 입학 여부를 가름하는 수능 시험에서도, 세계 여러 나라가 참여하는 국제 학업 성취도 평가(PISA)에서도 여학생들의 강세가 뚜렷하죠. 하지만 이런 성적도 취업할 때는 그다지 영향이 없어 보여요. 남성과 같은 조건을 갖추어도 여성은 남성보다 취업이 쉽지 않거든요.

캔자스 대학교의 김창환 교수와 오병돈 연구원의 연구 보고서 「경력 단절 이전 여성은 차별받지 않는가?」에 따르면, 여성은 남성과 같은 학교 및 학과에서 비슷한 학점을 받아도(이른바 '스펙'이 비슷해도) 남성이 받는 임금의 82.6퍼센트밖에 벌지 못해요. 2020년 여성 가족부와 통계청이 발표한 결과를 보더라도 우리나라 여성의 시간당 임금은 남성보다 30퍼센트 이상 낮게 나타납니다. 게다가 여성은 승진하기도 힘들어요. 전체 임원 중 여성 임원의 비율이 4.1퍼센트에 불과하고, 아예 고위직 여성 임원이 없는 기업이 대부분이죠. 이러다 보니 많은 여성이 그나마 차별이 덜한 국가 고시나 공무원 시험에 몰립니다. 이런 주요 시험에서 여성의 합격 비율이 높다는 뉴스 보도를 보고, 여성의 형편이 나아졌다고 생각해서는 안 되는 이유죠.

여성 임원 할당제

기업이나 공공 기관의 임원 중 일정 비율을 여성에게 할당하는 제도다. 여성들은 '유리 천장'이라고 해서 보이지 않는 차별로 고위직에 오르지 못하는 경우가 많은데, 이를 막기 위한 제도 중 하나다. 우리나라의 유리 천장 지수는 OECD국 중 최하위다.

여성이 직장에서만 차별받는 건 아니에요. 특히 결혼한 여성은 가정생활에서 관습적인 차별을 겪기 쉬워요. 많은 여성이 가사와 육아를 주로 담당하고 있습니다. 남성이 직장에 다니고 여성이 살림살이를 맡는 경우가 많아

시간당 근로자 임금의 성별 차이

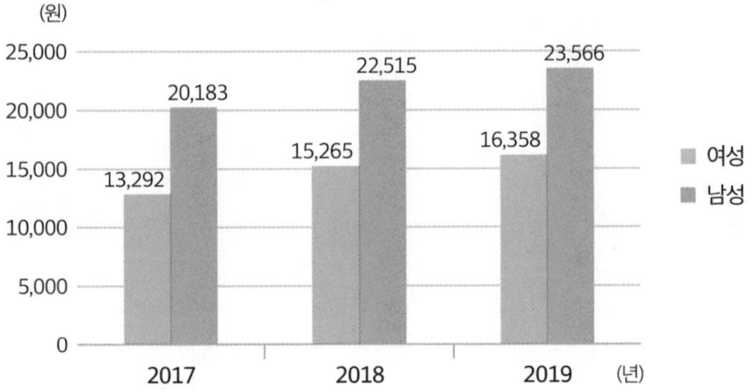

◦ 출처: 「2020 통계로 보는 여성의 삶」, 여성 가족부·통계청, 2020.

서이기도 하지만, 맞벌이 가정이라고 하더라도 여성이 남성보다 세 배 정도 많은 시간을 가사와 자녀 돌봄에 할애하고 있어요. 이러한 차이는 남성이 혼자 돈을 버는 경우라면 다섯 배 이상까지 벌어지고요. 심지어 여성은 혼자 돈을 버는 경우에도 집에서 일하는 시간이 남성보다 많다고 해요. 놀랍지 않나요?

세계적으로도 무보수의 '돌봄 노동'을 맡는 사람 중 압도적인 다수는 여성이에요. 돌봄 노동 시간은 평균적으로 여성이 하루에 3~6시간, 남성이 30분~2시간입니다. 이런 차이는 남성들의 돌봄 노동 시간이 상대적으로 많은 북유럽 국가에서도 다르지 않아요.

오늘날 활발히 사회에 진출하는 여성들을 보며 이미 성평등이 이루어졌다고 생각하기 쉽지만, 실제로 여성들이 직장과 가정에서 더 많은 시간을 일한다는 점에 주목하면 생각이 바뀔 수밖에 없습니다. 심지어 최근 강화된 육아를 위한 근로 시간 단축 제도나 육아 휴직 제도를 이용하는 다수도 여성입니다. 여성보다 남성의 임금이 높다 보니, 똑같은 조건이라면 남성이 돈을 벌고 여성이 육아를 위해 휴직하는 편이 가정 경제에 유리하니까요.

이처럼 직장이나 가정에서의 차별 외에 더 미묘하고 알아차리기 힘든 형태의 성차별도 존재합니다. 우리 사회가 오랜 시간 남성 중심적인 형태로 운영되어 왔던 터라 편견과 성차별적 관행이 사회 곳곳에 뿌리 깊게 스며들어 있어서예요. "여성은 아무래도 추진력이 부족해.", "여자가 운전하니 저 모양이지.", "여자는 단체 생활에 알맞지 않아." 같은 말을 들어 본 적 있나요? 아마 무심코 고개를 끄덕였을지도 몰라요. 하지만 알고 보면 사실과 다른 편견이죠.

때로는 친절과 호의처럼 포장된 성차별도 있습니다. "이렇게 힘든 일은 남자가 해야 해.", "남성이 여성을 보호해야지.", "넌 여성적이라 아이들을 잘 돌보는구나." 같은 말들이 그렇습니다. 물론 상대편을 돕고 싶거나 칭찬하고 싶은 마음으로 건네는 말인 경우도 있겠죠. 하지만 다시 한번 생각해 보세요. 모든 여성은 힘이 약하고, 보호받아야 하며, 아이를 잘 돌볼 줄 알아야 하나요? 우리는 무심결에 이런 말을 주고받으며 성 역할에 관한 고정 관념과 성차별적인 생각을 강화하는 데 동참하고 있는지도 모릅니다.

일상적 차별과 편견이 삶의 위협으로 이어지기까지

때로 우리 사회의 성차별적 구조는 여성의 삶 자체를 위협하기도 합니다. 일상적인 차별과 편견이 범죄로까지 이어지는 것이죠. 이를 상징하는 사건 중 하나가 2016년 '강남역 살인 사건'입니다. 당시 범인은 강남역 근처 노래방 화장실에 숨어 있다가 한 여성을 칼로 찔러 숨지게 했습니다. 명확한 근거도 없이 막연히 여성들에게 무시당했다는 생각에 여러 남성을 지나치면서까지 여성을 기다려서 범죄를 저질렀다고 밝혔죠. 이 사건은 우리나라 여성들에게 충격일 수밖에 없었습니다. 대부분의 여성이 평소에 느끼는 불안감과 공포감을 현실로 맞닥뜨리게 된 사건이었으니까요.

상당수의 여성은 혼자 밤길을 걷거나 낯선 남성과 단둘이 있기를 두려워합니다. 실제로 남성에게 위협을 받거나 범죄에 노출된 경험이 간접적으로든 직접적으로든 많아서죠. 대중교통을 이용하거나 길을 걸어가면서 위협을 당할 수 있다고 걱정하는 남성이 얼마나 될까요? 남성에게는 생소한 두려움을 여성은 매일같이 피부로 느끼며 살아가고 있습니다.

2019년에는 '텔레그램 성 착취 사건'이 우리 사회를 휩쓸

2016년 5월 17일 이후, 강남역 10번 출구에는 여성 혐오 범죄로 목숨을 잃은 고인을 추모하며 슬픔과 분노를 함께 나누는 여성들의 메시지가 가득 붙었다.

기도 했습니다. 가해자들은 미성년자를 포함한 여성들의 개인 정보를 빼내고 협박해 불법 영상을 촬영하고 공유하는 범죄를 저질렀어요. 이 사건 이전부터 여성들은 공용 화장실을 이용할 때면 불법 촬영을 당하지 않을까 걱정해야 했고, 계단을 오르내리거나 지하철이나 버스 등 대중교통을 이용하면서도 다른 사람의 시선이나 행동에 신경 써야 했어요. 상당히 많은 남성이 아무런 죄의식 없이 불법 영상물을 찾아서 보거나 돈까지 내면서 구매하고 있으니까요.

우리 사회 곳곳에 성추행이나 성폭력이 만연해 있다는 것도 부인할 수 없는 사실입니다. 2017년 말부터 미국에서는 성범죄를 당한 여성들이 '#미투'라는 해시태그를 달면서 성범죄의 심각성을 알리고 피해 여성과 연대하고자 '미투 운동'을 시작했어요. 이 운동은 한국 사회에도 큰 영향을 주었죠. 사회 각 분야에서 수많은 사람이 저질렀던 성범죄 사실이 드러났고, 당시 청소년들도 '스쿨 미투'라는 이름으로 학교에서의 성폭력을 고발했어요. 여성 가족부가 발표한 '2019년 성폭력 안전 실태 조사' 결과에 따르면, 우리나라 여성 5~6명 중 1명이 살아가면서 성폭력 피해를 경험합니다. 또 한 해에 3만 건이 넘는 성폭력 피해가 발생하는데, 가해자의 98퍼센트 이상이 남성이죠.

이 같은 현실에서 여성이 동등한 인간으로 존중받고 있다고 말할 수 있을까요? '강남역 살인 사건' 당시 수많은 여성이 인터넷과 SNS에 추모 글을 남기고 지하철 역사에 포스트잇 메시지를 붙여 "나는 우연히 살아남았습니다."라고 외치며 서로의 아픔과 분노를 공유했던 장면은 무엇을 의미할까요? 여전히 우리 사회에서 여성들이 차별과 편견, 나아가 혐오 범죄에까지 노출된 채 살아가고 있음을 여실히 드러내는 것은 아닐까요?

여성과 남성이라는 틀에서 벗어나야 하는 이유

성평등이라고 하면 당장 여성과 남성의 대결 구도를 상정하고 남성과 싸우는 여성의 모습부터 떠올리는 사람이 많습니다. 성평등이 여성만을 위한 운동이고, 여성의 권리에만 관심을 둔다고 생각한다면 다시 생각해 볼 필요가 있어요. 이런 생각이 성평등의 의미를 축소하고 더 나은 사회로 나아갈 긍정적인 가능성을 제한할 수 있기 때문이에요.

남성이 여성보다 우월한 지위를 가지고 지배하는 성차별적인 사회 체제를 '가부장제'라고 합니다. 가부장제는 여성에게만 고통을 주는 것이 아니라 남성에게도 많은 것을 감내하게 하죠. 예를 들어 가부장제에서 남성은 혼자 가정의 경제적 수입을 책임져야 하고, 여성을 보호할 힘이 있음을 증명하기 위해 약한 모습을 보여서는 안 돼요. 이 같은 틀에 갇힌 남성은 자신의 정체성을 존중하기 어려워요. 다시 말해 성평등은 여성뿐만 아니라 남녀 모두가 동등한 인간으로 존중받을 수 있는 방향으로 나아가는 길이에요. 당장은 차별받는 여성의 지위와 역할을 개선하는 데 초점을 둘 수 있지만, 궁극적으로는 남녀 모두가 사회적 편견에서 벗어나 자신의 삶을 살 수 있도록 하는 데 진정한 의미를 두고 있으니까요.

여성과 남성이 동등하게 존중받는 세상이란 어떤 것일까요? 남녀 모두를 동등하게 대우한다는 것이 무엇인지 이해하기 위해 성평등을 말하는 사람들의 생각을 살펴보도록 하죠.

먼저 성평등은 여성과 남성이 크게 다르지 않다는 생각에서 시작됩니다. 아마 이 말에 '어? 여성과 남성은 누가 봐도 다른데? 왜 다르지 않다고 하지?'라는 궁금증이 생길 거예요. "여성은 태어난 게 아니라 만들어진다."라는 유명한 말이 있어요. 프랑스 철학자이자 작가인 시몬 드 보부아르(Simone de

Beauvoir)가 『제2의 성』이라는 책에서 한 말이에요. 보부아르는 여성과 남성의 생물학적 차이는 크지 않지만 사회 속에서 다른 경험을 한다고, 즉 다르게 사회화된다고 주장했어요. 생물학적 성별을 뜻하는 섹스(sex)와 사회 문화적 성별을 뜻하는 젠더(gender)를 구분해야 한다는 거죠. 다시 말해 우리는 성별을 타고나기도 하지만, 사회화 과정에서 성별을 학습하기도 한다는 뜻입니다.

예를 들어 시중에 판매되는 어린아이 옷을 보면 여자아이 옷은 분홍색이, 남자아이 옷은 파란색이 훨씬 많아요. 사람들은 흔히 여자아이 선물로 인형이나 장난감 요리 세트를, 남자아이 선물로 장난감 로봇이나 자동차를 준비하죠. 모든 여자아이가 분홍색과 인형을 좋아할까요? 파란색과 장난감 자동차를 좋아하는 여자아이나 분홍색과 인형을 좋아하는 남자아이도 있지 않을까요?

2017년 영국 BBC는 성별 고정 관념에 관해 한 가지 실험 영상을 촬영했습니다. 실험 내용은 일반 성인 참가자들이 다양한 장난감을 가지고 아이들과 어떻게 노는지 관찰하는 것이었어요. 그러자 참가자 대부분이 분홍색 옷을 입은 아이에게는 인형을 주고, 파란색 옷을 입은 아이에게는 공과 로봇을

성별 고정 관념을 알아보는 BBC의 작은 실험에서 성인 참가자들은 옷 색깔에 따라 아이의 성별을 짐작하고 그에 어울린다고 생각하는 장난감을 건넸다._유튜브 BBC Stories

주었어요. 옷 색깔을 보고 아이의 성별을 짐작한 거예요. 그런데 사실 아이들의 성별은 반대였어요. 파란색 옷을 입은 아이가 여자아이였고, 분홍색 옷을 입은 아이가 남자아이였죠. 참가자들은 고정 관념에 따라 성별을 착각했을 뿐만 아니라 장난감도 성별로 구분한 거예요. 본래 여자아이와 남자아이의 차이가 있는 게 아니라 '성별'이라는 틀 안에 갇혀 우리가 만든 기준과 잣대로 여성과 남성을 구분해 왔다는 사실을 일깨우는 실험이었죠.

여성과 남성이 근본적으로 다르지 않다는 사실은 미국 문화 인류학자 마거릿 미드(Margaret Mead)의 연구에서 더 극명하게 드러납니다. 미드는 『세 부족 사회에서의 성과 기질』이라는 책에 뉴기니의 세 부족을 관찰하고 연구한 결과를 담았는데, 세 부족에서 여성과 남성의 역할이나 기질 등이 매우 다르게 나타났어요. 한 부족의 남녀는 모두 온화하고 다정다감한 모습을 보인 반면, 다른 부족에서는 남녀 모두 공격적이고 강하고 독립적인 성향을 보였죠. 게다가 또 다른 부족에서는 남성이 예술적이고 아름다움을 추구하는 반면, 여성이 일을 추진하고 경영하는 것을 자연스럽게 받아들였습니다. 이는 우리가 여성적 또는 남성적이라고 말하는 특성이 타고난 것이 아니라 사회적으로 학습된 것임을 나타내는 결과예요.

그래도 여전히 마음 한쪽에 의구심이 들지도 몰라요. 남녀는 신체 구조가 다르고, 근육량이나 호르몬에도 차이가 있으니까요. 남녀의 성향이 다름을 보여 주는 연구 결과도 있고요. 그렇다면 이런 차이는 어떻게 받아들여야 할까요? 있는 그대로 받아들이면 됩니다. 중요한 것은 '신체적' 차이와 '사회적' 차이를 구분해야 한다는 거예요. 예를 들어 유전적으로 서구인은 아시아인보다 체격도 크고 운동 능력도 뛰어나죠. 그렇다고 아시아인이 군인이나 소방관 같은 사회적 역할을 맡기에 부적합하다고 보는 것은 이상하지 않나요? 남녀의 신체적 차이도 필요 이상으로 과도하게 생각할 이유가 없어요. 오히려 그러한 차이에 근거해 남녀의 성향이나 역할을 명확하게 나누고 규정짓는 데서 성차별이 시작되는 거죠.

여성성과 남성성,
어느 한쪽이 더 우월하다고?

성평등은 여성과 남성의 차이를 무조건 부정하거나 그 차이를 없애자고 주장하는 게 아니에요. 저마다 다른 특성과 필요를 있는 그대로 존중하자는 것이죠. 이때 어느 한쪽의 성향을 우월하게 생각하고 다른 한쪽의 성향을 억압하지 않는 태도가 중요합니다.

미국 심리학자 캐럴 길리건(Carol Gilligan)은 『침묵에서 말하기로(In a Different Voice)』라는 책에서 여성은 구체적인 맥락 속에서 감정이나 애착을 강조하는 데 반해 남성은 추상적인 규칙이나 이성적 판단을 강조한다고 말합니다. 그런데 기존 심리학 이론이나 사회는 여성의 도덕적 판단을 남성의 도덕적 판단보다 미숙하다고 여겨 왔지요. 이에 길리건은 여성이든 남성이든 도덕적 판단은 모두 성숙한 것이며, 모두의 '목소리'가 존중되어야 한다고 주장했어요.

길리건의 주장은 가부장제 사회에서 여성과 남성에 대해 굳어진 편견을 다시 생각하게 합니다. 일단 남성은 직장에서 돈을 벌어 오고 여성은 가사와 육아에 전념해야 한다는 생각도 성 역할에 대한 고정 관념에서 비롯한 것이죠. 여기서 한발 더 나아가면 왜 집안일을 직장 일보다 낮게 평가하느냐는 질문도 던질 수 있어요. 흔히 여성적인 성향이 강하다고 여기는 보육, 상담, 간호 등의 서비스직은 비슷한 전문성을 요구하는 다른 직업들보다 보수가 낮은 것으로 알려져 있습니다. '여성성'이 더 열등한 것도 아닌데 말이죠.

같은 맥락에서 우리는 여성과 남성이라는 틀로만 세상을 바라보고 있는지도 모릅니다. '남자답지 못하게~', '여자가 어떻게 그런 일을~' 같은 생각은 남녀 모두를 옭아맬 뿐이에요. 남성적인 성향의 여성도 있고, 여성적인 성향의 남성도 있습니다. 하지만 가부장적인 사회 구조는 자신의 고유한 성향을 드러내지 못하게 해요. 정작 중요한 것은 '여자답게'나 '남자답게'가 아니라 '나답게'인데 말이죠. 길리건이 말했듯이 내 안에 숨겨져 있거나 억압된 '다른 목소리'에 귀를 기울이고 그것을 소중히 여겨야 합니다.

모든 사람은 '대상'이 아니라 '주체'로 인정받아야 한다

성평등을 위해서는 누구나 자신의 성향을 있는 그대로 존중받고 그에 맞는 삶을 누릴 수 있어야 합니다. 누구나 자기 삶의 주체가 되어야 한다는 거죠. 하지만 오랫동안 유지되어 온 성차별적 사회 구조에서 여성과 남성은 온전한 주체로 존중받기보다는 대상이나 수단으로 취급받을 때가 많았어요.

그림이나 사진, 방송 등 다양한 미디어에서는 여성이나 남성의 이미지를 특정한 시각으로만 다루는 경향이 있습니다. 여러분이 즐겨 하는 컴퓨터 게임을 한번 떠올려 보세요. 여성 캐릭터들의 외모에 어떤 공통점이 보이지 않나요? 국적과 장르, 형식을 불문하고 여성 캐릭터의 복장은 대부분 속옷에 가까운 비키니나 짧은 치마로, 신체 일부 부위를 노골적으로 강조합니다. 현실에서 찾아보기 어려운 과장된 모습으로 말이죠. 심지어 전투가 배경이 되는 게임에서조차 그렇습니다. 같은 게임에서 갖가지 장비로 무장한 남성 캐릭터들의 모습과 비교되는 지점입니다. 이를 보면 여성 캐릭터는 내용과 무관하게 남성에게 성적 욕망을 불러일으키는 존재로 규정되고 있다는 사실을 알 수 있죠.

이뿐만이 아닙니다. 여성 캐릭터는 주로 수동적이고 방어적인 존재로 그려지고, 다른 캐릭터를 돕거나 치료하는 등 보조 역할을 하는 경우가 많아요. 상대적으로 남성 캐릭터는 영웅적인 면모를 과시하고요. 이런 양상은 각종 광고나 웹툰 등에서도 유사하게 나타납니다. 여성을 동등한 인간으로 보고 개인의 특징을 표현하기보다 성적 대상으로 취급하는 것이죠.

성적 대상화는 일상적으로 이루어지는 외모에 대한 사회적 평가에서도 잘 드러납니다. '미(美)'를 중요한 기준으로 내세우

광고에서 흔히 볼 수 있는 성적 대상화를 풍자한 데오드란트 광고의 한 장면. 오토바이 위에서 남성 배우가 자신의 각선미를 강조하는 등 기존 광고 속 여성의 역할을 그대로 따라 하고 있다._유튜브 HE Be Interesting

며 여성을 평가하기도 하고, "여자는 무조건 예쁘기만 하면 된다."라는 말을 아무 거리낌 없이 던지기도 하죠. 매끈한 피부와 날씬한 몸매를 강조하고, 신체의 모든 부분을 적나라하게 평가합니다. 그러한 평가에 따라 수많은 칭찬과 비난이 여성에게 날아들고요. 물론 외모 평가는 남성에게도 적용됩니다. "남자라면 키가 크고 근육이 있어야지."라는 말을 여러분도 일상에서 흔히 들어 보았을 거예요.

외모에 대한 평가가 왜 문제냐고요? 그렇게 평가하는 사회가 전형적인 여성과 전형적인 남성의 모습을 강화하고 또 강요하기 때문이에요. 개개인의 모습을 있는 그대로 받아들이지 않고 특정한 여성과 남성의 이미지에 가둬 대상화하는 것이죠. 내가 어떤 모습으로 살 것인가는 스스로가 판단하고 선택할 문제이지, 타인이 재단하고 강제할 문제가 아니에요. 여자는 모두 날씬해야 하나요? 남자는 모두 키가 크고 근육이 많아야 하나요? 그런 모습이 아니면 비난을 받아야 하나요? 그렇지 않습니다. 내 몸은 남에게 보이기 위해 존재하는 게 아니니까요. 내 몸을 있는 그대로 사랑하고 스스로 내 몸의 주체가 되어 선택하고 결정할 수 있어야 해요. 성평등은 우리 모두 남의 시선에 좌우되는 수동적 대상이 아니라 스스로 판단하고 행동하는 온전한 주체로 거듭나기를 요구합니다.

내 안의 다른 목소리에 귀 기울이며 나다움을 찾아 가기

이제 성평등이 무엇인지 알 것 같나요? 이해는 했지만 성평등을 실현하기는 어려울 것 같다고 생각하는 친구들도 있을 거예요. 물론 아직은 우리 사회가 성평등으로 나아가기까지 거쳐야 할 과정이 많이 남아 있어요. 하지만 그 과정에서 여러분 역시 작은 실천을 할 수 있어요.

가장 먼저 할 수 있는 일은 바로 나 자신을 소중하게 여기는 것입니다. 앞서 캐럴 길리건은 '다른 목소리'에 귀를 기울여야 한다고 말했죠. 사람은 누구나 여성적 성향과 남성적 성향을 모두 가지고 있어요. 이렇게 내 안에 있는 다양한 성향을 나부터 존중해야 해요. 외부의 기준과 규정에 따라 왜곡된 시선으로 나를 바라보고 판단하는 것이 아니라 나의 진짜 목소리에 귀를 기울일 수 있어야 한다는 말이에요. 여자답거나 남자답기 위해 노력하지 않아도 돼요. '나다운' 모습을 찾아 가는 것이야말로 성평등으로 나아가는 출발점이죠.

자신을 진정으로 소중하게 여기는 사람이 늘어나면, 우리는 더 많은 것을 새롭게 느끼고 발견하게 될 거예요. 젠더 감수성은 그동안 당연하게 여겨 왔던 것들을 다르게 바라보고 느끼게 해요. 자신도 모르게 가지고 있던 성 역할에 대한 고정 관념과 성차별적 사회 구조와 문화, 그리고 그 속에서 고통받는 사람들을 볼 수 있을 거예요. 반대로 성평등을 위해 노력하는 사람이 생각보다 많이 있다는 사실도 알게 될 테고요.

젠더 감수성
여성과 남성을 구분하는 다양한 사회적 시스템과 체계, 통념 등을 이해하고, 다른 성별에 대한 차별 없이 서로의 입장을 민감하게 인지하는 감수성을 뜻한다.

성평등을 배운 여러분이라면, 적어도 성차별에 동조하는 사람들과는 단호하게 선을 긋고 그것이 잘못된 행동임을 분명하게 말할 수 있어야 해요. 성평등을 추구하는 사람들 편에 서는 것이죠. 물론 성평등을 추구하는 방식이나 이상에 차이가 있을 수는 있어요. 하지만 무엇보다도 성차별적 관행과 문화로 고통받는 사람들에게 공감하고, 그들과 같은 편에 서서 힘과 용기를 나누는 것이 중요해요. 우리 사회가 지향하는 민주주의는 모든 사람이 차별받지 않고 존중받을 것을 요구하니까요. 그러한 공감과 연대 속에서 우리 사회는 느려 보이더라도 조금씩 성평등을 향해 나아갈 거예요.

성평등 핫&이슈 ▼

기업 평가의 척도가 되는 성평등 지수

한국에서 주식 거래를 주로 담당하고 있는 한국 증권 거래소에서는 기업을 평가하는 하나의 척도로 가칭 '위민(women) 지수'라는 성평등 지수를 개발할 예정이다. 한국 증권 거래소의 한 관계자는 기업의 이사회 구성원 중 여성 비율이 높은 기업일수록 경영 성과가 좋다는 점에서 이와 관련한 자료를 살펴보고 있다고 밝혔다. 앞으로 성평등 지수가 기업 가치를 평가하는 중요한 지수로 기능할 수 있을지 귀추가 주목된다.

Yes means yes!

성적 관계를 맺거나 스킨십을 할 때 상대편에게 어느 정도의 동의를 구해야 하느냐는 성폭력을 판단하는 중요한 기준이다. 기존에는 '노 민즈 노(No means no)'라고 해서 상대편이 분명하게 거부 의사를 밝히면 스킨십을 해서는 안 된다는 원칙이 있었지만, 최근에는 명확하게 동의를 얻는 것이 중요하다는 뜻에서 '예스 민즈 예스(Yes means yes)'라는 원칙이 강조되고 있다. 최근에 이 원칙은 미국의 한 대학교에서 발생한 캠퍼스 내 성폭력 사건의 판결 기준이 되기도 했다.

페미니즘을 품은 광고

성차별을 반대하고 여성의 권리 옹호를 주장하는 페미니즘과 관련된 움직임이 광고에도 영향을 끼치고 있다. 최근 몇 년 사이 여성에 대한 성적 대상화나 편견에 대한 반대가 늘어나고 주체적인 여성의 모습을 강조하는 광고가 많아지는 추세다. 이러한 펨버타이징(페미니즘과 광고의 합성어)이 늘어나는 것은 성평등에 대한 사람들의 관심이 높아진다는 점에서 반가운 일이지만, 이를 광고 수단으로만 활용하는 것에 대해 우려하는 목소리도 있다.

성 평 등 토 론

우리 사회에 여성 고용 할당제가 필요할까?

○ 찬성 ○

1. 오늘날 여성은 여전히 취업에서 차별받고 있다

각종 고시와 공사 입사 시험에서 여성이 높은 비율을 차지하는 것은 사기업에 좋은 조건으로 취업하기 어려운 현실 때문에 여성 다수가 공공 부문으로 몰리며 일어난 현상이다. 단체의 장이나 임원, 국회 의원 등 고위직에서 여성의 비율은 더욱 낮다.

2. 여성 고용 할당제는 구조적 차별을 개선할 최소한의 조치다

여성은 자신과 스펙이 같은 남성보다 취업률이 비정상적으로 낮다. 이는 여성 취업의 문이 좁은 원인이 여성의 능력과 역량이 아니라 구조적인 차별에 있음을 보여 준다. 여성 고용 할당제는 이러한 구조적 차별을 현실적으로 바로잡으려는 최소한의 조치다.

3. 여성 고용 할당제는 남성 역차별에 해당하지 않는다

여성이 차별로 불이익을 받는 것은 과거의 일이 아니다. 예를 들어 영국 시사 주간지 『이코노미스트』가 발표한 '유리 천장 지수'를 확인하더라도 우리나라는 OECD 29개국 중 29위로 9년째 꼴찌다. 여성 고용 할당제는 여성에게 특혜를 주고 남성을 차별하는 제도가 아니라 현재 실제로 존재하는 성차별을 개선하는 데 목적이 있다.

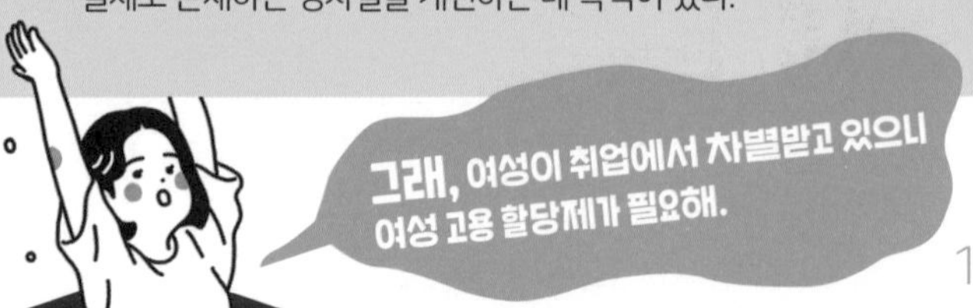

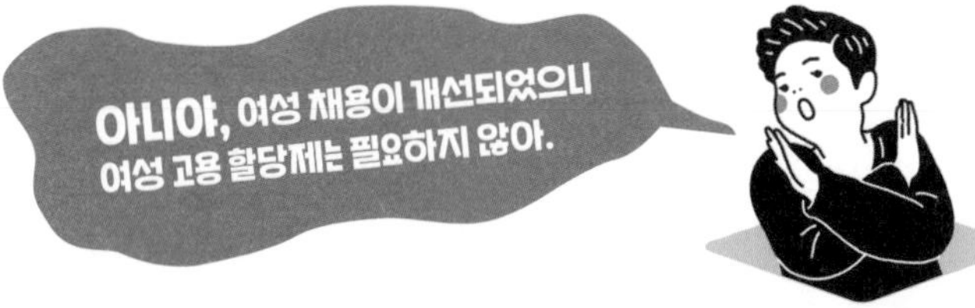

✖ 반대 ✖

1. 여성 고용 할당제를 적용하기에는 여성 채용이 상당히 개선되었다

최근 각종 고시나 주요 공기업 신규 채용 등에서 여성들이 두각을 나타내고 있다는 것은 분명하다. 시험에 따라서는 합격자의 50퍼센트 이상이 여성인 경우도 있다. 전체적으로 실력 있는 여성 지원자가 늘어난 상황에서 여성 고용 할당제의 필요성 또한 줄어들었다.

2. 고용의 문제는 능력과 역량으로 접근해야 한다

고용할 때 판단의 기준은 능력과 역량이 되어야 한다. 따라서 여성에게 취업 자리를 일정량 보장하기보다 기업이 제대로 된 원칙에 따라 채용할 수 있도록 하는 것이 중요하다. 여성 고용 할당제는 공정한 채용의 원칙으로 능력과 역량보다는 남녀 간의 성별 차이를 더 두드러지게 할 수 있다.

3. 여성 고용 할당제는 남성 역차별을 불러올 수 있다

여성이 차별로 많은 불이익을 받고 능력을 계발하지 못했던 것은 과거의 일이다. 과거의 누적된 잘못을 바로잡기 위해 현재를 살아가는 남성에게 불이익을 주는 것은 역차별로 부당하다. 실제로 여성에게 피해를 준 것은 과거의 남성이지 오늘날의 남성이 아니다.

6

선거

강철 같은 체력으로
학교의 평화를 지킨다!
1 김근육
학급 경제 부활!
간식비 지급
데이트 자금과
전교생 모두에게
2 금보화
3 이잘난
잘생긴 게 죄니 어쩔 수 없네요
모두를 위해 이 한 몸 희생하죠
나를 봐 준비된 후보
만 번을 생각해도 역시
믿을 건 나뿐이라니까?
어서 콕! 찍어 나를!
4 홍길동
열린 귀를 가진 친절한 후보
5 이소통
6 나폴래
나 뽑을래용?
내 사전에 불가능한 공약은 없다!
다 바꿔 주겠어!

아, 누굴 뽑지?
진심이 안 보여요, 진심이.
대충 찍어.
이 귀찮은 선거를
도대체 왜 하는 거야?
다 거기서 거긴데.

어허, 선거는 민주주의의 꽃! 나라의 주인은 국민, 학교의 주인은 학생이지. 선거는 주권자의 권리라고.
오! 교복 입은 유권자님! 그나저나 고3이 투표할 시간은 있으려나? 어쨌든 환영합니다!
우리도 똑같은 한 표를 가진 동등한 시민이거든요!
공약은 모조리 성인 위주던데요? 유권자 나이만 낮추지 말고 청소년을 위한 공약도 좀 내놓으시죠.

우리와 민주주의의 연결 고리

공정하고 민주적으로 대표를 뽑는 가장 좋은 방법은 무엇일까?

비행기를 타고 가다가 갑자기 바다 한가운데 무인도에 불시착한 소년들이 있습니다. 이들은 어른들이 없는 상황에서 중요한 일을 결정할 대장이 필요하다고 느꼈죠. 몸집이 크고 힘이 센 잭은 자신이 대장이 되어야 한다며 으스댔어요. 하지만 아이들은 "대장을 뽑는 선거를 하자."라고 제안해요. 장난스럽게 시작된 선거는 아이들의 마음을 사로잡습니다. 후보자는 잭, 랠프, 피기라는 세 명의 소년이었어요. 우선 잭은 사냥을 잘하고 성가대를 지휘해 본 경험이 있습니다. 흔히 말하는 카리스마가 있지만, 거칠고 공격적인 면도 있죠. 피기는 똑똑하고 상황 판단력이 뛰어나지만, 신체적 특성 때문에 친구들에게 놀림감이 될 때가 많아요. 랠프는 온화한 성격이라 인기가 있지만, 특별히 똑똑하거나 카리스마가 뛰어난 건 아니에요. 아이들은 누구를, 어떻게 대장으로 정했을까요? 여러분이 갑자기 무인도에 떨어진 상황이라면 어떻게 대표를 뽑았을까요? 물론 우리는 무인도에 떨어질 일이 없고, 이미 우리에게는 익숙한 선거 제도가 있습니다. 무인도에서의 투표는 윌리엄 골딩(William Golding)의 소설 『파리 대왕』에 나오는 이야기예요. 하지만 우리는 이 이야기를 통해 우리 사회에 적합한 대표자는 어떤 모습인지, 대표를 어떻게 선출해야 하는지에 관해 생각해 볼 수 있어요.

소설 속 아이들은 손을 들어 랠프를 선택했어요. 랠프의 성품이 좋아서이기도 했지만, 무엇보다 아이들의 마음을 끌었던 것은 그가 소리를 내어 아이들을 모을 수 있는 '소라'라는 상징적인 물건을 가지고 있어서였어요. 손을 들어 다수결로 대장을 정했다는 점에서 오늘날의 선거 제도와 비슷하지요. 이 아이들이 대장을 뽑는 방식에 대해 어떤 생각이 드나요? 만약 다수결이 아니라 지성이 가장 뛰어난 사람이나 힘이 센 사람을 대장으로 뽑는다면 어떨까요? 아마 현재의 우리는 그런 방식의 선거를 받아들이기 어려울 거예요. 하지만 다수의 유권자가 제대로 된 판단력을 갖추지 못한다면, 무인도라는 특성 때문에 쉽게 위험에 노출될 수 있는 상황을 고려한다면, 후보자들이 가진 능력이나 성격에 대한 정보가 충분하지 않은 상태라면 어떨까요? 그런 상황에서는 대표를 선출하는 방식이 조금씩 달라지지 않을까요? 마찬가지로 대표를 선출하는 선거 제도도 역사적·정치적·사회적 상황과 맥락에 따라 달라질 수 있어요. 그래서 세계 각국의 선거 제도는 다양한 모습으로 나타나죠.

하지만 사회 구성원들이 납득하고 받아들일 정도로 공정하고 민주적인 선거 제도를 만들어야 한다는 것만큼은 예외가 없어요. 선거 제도 자체가 민주적이지 못하다면, 결과를 받아들이기도 힘들 테니까요. 그렇다면 현재 전 세계에는 어떤 선거 제도가 존재하고 있으며, 우리 사회에는 어떤 방식이 필요할지 다양한 선거 제도를 살펴보며 생각해 볼까요?

더 많은 표를 얻고도 떨어질 수 있다니

2016년 45대 미국 대통령 선거 당시 힐러리 클린턴 후보는 경쟁자였던 도널드 트럼프 후보보다 득표를 더 많이 하고도 대통령에 당선되지 못했습니다. 뭔가 이상하지 않나요? 가장 많은 표를 얻고도 낙선하다니, 이해하기 어려운 상황이죠. 놀랍게도 미국 대통령 선거에서는 이제까지 다섯 차례나 이런 일이 벌어졌어요. 미국이 이기는 쪽에서 모두 가져가는 '승자 독식' 방식의 선거인단 투표라는 복잡한 선거 제도를 채택하고 있기 때문이에요.

우리나라와 달리 미국 대통령은 각 주(州)의 선거인단에 의해 선출됩니다. 일반 유권자가 11월에 대통령과 부통령 후보에게 투표하고, 그 결과를 통해 유권자를 대신해 대통령을 선출할 주별 선거인단을 선정해요. 이 선거인단이 12월에 최종적으로 대통령을 선출해 당선자를 결정하죠. 이때 11월의 유권자 투표 결과를 주별로 집계해 1위를 차지한 후보가 그 주의 선거인단을 모두 차지하기에 승자 독식이라는 수식어가 붙은 거예요.

예를 들어 일리노이주에 20명의 선거인이 할당되었다면, 각 후보 진영에서 자기편 지지자들로 구성된 20명의 대통령 선거인 후보 명부를 제시해요. 유권자 투표 결과에서 한 표라도 더 얻은 후보 측에서 20명의 선거인단을 모두 가져가기 때문에, 이긴 쪽의 후보 명부만 선거인으로 채택되고 나머지는 모두 탈락하죠. 이렇게 선정된 선거인단은 특정한 후보를 뽑겠다고 미리 약속한 사람들이기 때문에 선거인단만 보아도 누가 대통령에 당선될지 예측할 수 있어요. 선정된 선거인단

이 이른바 배신하는 일, 즉 다른 후보에게 투표하는 반란 표가 생기지 않는 이상 대통령 선거 결과가 뒤바뀌는 일은 거의 일어나지 않죠. 미국 헌법에 선거인단이 반드시 소속 정당의 후보를 선택해야 한다는 규정은 없지만, 역사적으로 선거인단의 반란 표가 선거 결과에 영향을 준 일은 극히 드물었어요.

미국의 50개 주 중에서 48개 주(메인주, 네브래스카주 제외)가 이러한 승자 독식 방식을 채택하고 있어요. 그래서 유권자 투표에서 더 많은 표를 얻고도 선거인단을 적게 확보해 대통령에 당선되지 못하는 일이 일어나는 것이죠. 특히 주의 인구수에 따라 선거인단 수가 달라지기 때문에 캘리포니아(선거인단 55명)처럼 인구가 많은 주에서 승리한 후보는 당선 가능성이 커져요. 흔히 '경합 주'라 불리는 지역에서의 선거인단 투표 결과 역시 중요합니다. 정당 간 지지율이 비슷한 지역에서 한 표라도 더 얻으면 전체 선거인단을 확보할 수 있으니까요. 그런데 미국인들은 도대체 왜 이렇게 복잡하고, 유권자의 의사와 다른 결과를 낳을 수 있는 선거 제도를 채택한 걸까요?

일단 미국이란 나라가 세워질 당시 대통령을 국민이 직접 선출하는 방식과 의회를 통해 선출하는 방식을 두고 논란이 많았기 때문이에요. 민주주의의 시각으로 바라보자면 국민이

2020년, 46대 미국 대통령 선거의 경합 주였던 조지아주의 시민들이 조기 투표를 하기 위해 시청 앞에 줄을 서고 있다.

직접 대통령을 선출하는 것이 바람직한 듯하지만, 한편에서는 현명한 시민으로 구성된 일정한 조직체에 투표를 맡겨야 합리적인 결과를 얻을 수 있다고 생각했죠. 현재 미국의 선거인단 제도는 그러한 갈등 속에서 탄생한 절충안이에요.

또 다른 이유는 미국이 각 주의 독립성과 권리를 보호하는 연방제 국가라는 점과 관련이 있어요. 국민의 직접 선거로 대통령을 선출하면 인구가 많은 주에 유리한 반면에 인구가 적은 주의 의사는 충분히 반영되지 않을 것을 우려한 거죠. 이에 더해 주별 선거인단이 미국 각지에서 서로 멀리 떨어진 상태로 동시에 투표하기 때문에 음모나 부패가 발생할 위험이 적을 거란 기대도 깔려 있었다고 해요.

1위가 나왔는데 다시 한 번 투표해야 한다고?

가장 많은 표를 얻고도 당선되지 못할 가능성은 프랑스 대통령 선거에도 존재합니다. 2017년 프랑스 대통령 선거에서 에마뉘엘 마크롱(Emmanuel Macron) 후보는 23.82퍼센트로 가장 높은 득표율을 기록했지만, 21.58퍼센트로 2위를 차지한 마린 르 펜 후보와 한 번 더 경쟁해야만 했어요. 가장 많은 표를 얻은 후보가 있는데, 왜 또다시 투표를 해야만 했을까요? 바로 마크롱 후보의 득표율이 절반을 넘지 못했기 때문이었어요.

프랑스는 '결선 투표'라는 선거 제도를 운영하고 있어요. 결선 투표는 최다 득표자를 대표자로 선출하는 방식이라는 점에서 우리가 보통 떠올리는 선거 제도와 비슷해요. 하지만 당선되기 위해 최소한 얻어야 하는 득표율 기준이 있고, 그 기준을 넘긴 후보가 없으면 또다시 투표를 한다는 점에서 차이가 있지요. 프랑스 대통령 선거에서는 1차 투표 결과 과반의 표를 얻은 후보가 있다면 그 사람이 당선되지만, 그렇지 않다면 1위와 2위 득표자가 재대결을 벌이는 2차 투표(결선 투표)를 해서 당선자를 정합니다. 한 번의 투표로 가장 많은 표를 얻은 후보가 당선자로 결정되는 우리나라보다 더욱 엄격한 기준과 복잡한 절차가 적용되죠.

시간도 비용도 많이 드는데 왜 두 번씩이나 투표하냐고요? 가장 큰 이유는 당선자의 대표성을 높이고 사표(死票)를 줄이기 위해서입니다. 우리나라처럼 상대적으로 가장 많이 득표한 사람이 당선되는 선거 제도였다면, 1차 투표에서 마크롱 후보는 약 24퍼센트의 득표율로 대통령에 당선되었겠죠. 하지만 득표율이 25퍼센트도 되지 않는다는 것은 나머지 75퍼센트 이상의 표를 사표로 만드는 동시에 그만큼의 유권자가 그를 지지하지 않는다는 사실을 의미하기도 해요. 다시 말해 국민을 대표하는 사람으로서 힘과 정당성이 약해질 수밖에 없죠. 결국 마크롱 후보는 2차 투표 결과, 66.06퍼센트의 득표율로 대통령에 당선되었습니다. 두 차례 투표하는 것은 시간이나 비용

사표

선거에서 낙선자에게 던진 표로, 당선자의 결정에 영향력을 행사하지 못했다는 의미에서 '죽은 표', 즉 사표라고 부른다.

면에서 부담이 클 뿐 아니라 1차 투표에서 1위였던 후보자가 2차 투표에서 낙선하는 일이 일어날 가능성도 있어요. 그런데도 프랑스가 결선 투표 방식을 유지하는 것은 당선자의 대표성, 즉 다수 국민의 지지를 그만큼 중요하게 여겨서예요.

어때요, 미국과 프랑스가 왜 이렇게 복잡한 선거 제도를 고집하는지 이해되나요? 물론 이러한 선거 제도가 유권자의 의사를 제대로 반영하지 못하는 결과를 낳아서 비판받기도 하고, 종종 선거 제도의 개혁 논의가 제기되기도 해요. 그만큼 민주적인 선거 제도를 만드는 것이 쉬운 일은 아니라는 뜻이죠. 그래서 여러 시행착오를 거치며 시민의 의사를 더욱 잘 반영할 수 있는 선거 제도를 찾아 가는 과정이 필요해요. 물론 이 과정에는 선거에 대한 시민의 관심과 적극적인 참여가 따라야겠죠.

의석을 하나도 얻지 못한 소수당이 어떻게 의회에 진출했을까?

2017년 9월, 뉴질랜드의 의회 의원 선거에서 소수당인 녹색당은 지역구 의석을 하나도 얻지 못했어요. 하지만 결과적으로 녹색당에서 8명의 의원이 의회에 진출했고, 다른 정당과 함께 정부를 구성해 집권 여당이 되었죠. 지역구 선거에서 한 석도 얻지 못한 정당이 어떻게 의회에 진출할 수 있었을까요?

녹색당은 사실상 뉴질랜드의 선거 제도 개혁으로 의회에 진출할 수 있었어요. 본래 뉴질랜드의 의회 의원 선거는 우리나라의 지역구 의원 선거처럼 투표 결과 최다 득표자를 당선자로 결정하는 다수 대표제 방식이었어요. 그런데 1993년에 치른 국민 투표에서 선거 제도의 변화를 요구하는 대다수 국민의 뜻에 따라 비례 대표제를 도입했고, 1996년에 이 제도로 새로운 선거를 치렀죠. 1993년 이전이었다면 녹색당은 의회에서 단 하나의 의석도 가질 수 없었겠지만, 비례 대표제가 도입되어 8석을 얻을 수 있었던 거예요.

비례 대표제와 다수 대표제가 어떻게 다르길래 선거 결과를 이렇게까지 바꿔 놓은 걸까요? 먼저 다수 대표제부터 살펴보죠. 다수 대표제는 선거에서 다수의 표를 얻은 후보자가 당선되는 방식으로, 단순 다수 대표제(상대 다수 대표제), 결선 투표제, 선호 투표제를 포함해요. 그중 우리에게 가장 익숙한 단순 다수 대표제는 후보자 중 최다 득

선호 투표제

유권자가 후보자 명단에서 1명을 선택하는 것이 아니라 후보자에 대한 자신의 선호도를 표시하고, 그 선호의 순서를 득표의 계산에 반영해 당선자를 결정하는 방식이다. 현재 호주에서 시행 중이다.

표자가 당선되는 방식으로, 주로 선거구당 의원 1명을 선출하는 소선거구 제도와 결합해 운영됩니다. 쉽게 말하면 우리가 학교에서 학급 회장을 뽑을 때 주로 쓰는 방식이에요. 현재 영국과 미국 등은 모든 의회 의원을 단순 다수 대표제로 선출하고 있어요. 1993년 이전의 뉴질랜드도 마찬가지였죠.

단순 다수 대표제는 국민의 지지를 가장 많이 받은 사람이 대표자가 되어야 한다는 측면에서 민주적이고 정당한 방법으로 보여요. 간단한 방식이라 시행하기 쉽고, 다수 정당이 중심이 되어 정부를 안정적으로 운영할 수 있죠. 게다가 전국 단위가 아니라 각 지역 선거구를 대표하는 인물을 선출한다는 장점이 있습니다. 선거구별로 1위 득표자를 선출하는 시스템에서는 전국 모든 지역이 자기 지역을 대표하는 1명의 대표자를 가지게 되니까요. 이처럼 민주적으로 보이는 선거 제도를 뉴질랜드의 국민은 왜 바꾸자고 요구했을까요?

2010년의 영국 총선 결과, 보수당은 36.1퍼센트, 노동당은 29퍼센트, 자유 민주당은 23퍼센트의 득표율을 기록했습니다. 하지만 실제로 의회에서 보수당은 306석(47.2퍼센트), 노동당은 258석(39.8퍼센트), 자유 민주당은 57석(8.8퍼센트)을 확보했죠. 뭔가 이상한 점을 발견했나요? 맞아요, 보수당과 노동당은 득표율보다 더 많은 의석을 차지한 반면에 자유 민주당은 득표율의 3분의 1 정도밖에 되지 않는 의석을 얻었어요.

이러한 결과가 나온 것은 영국이 의회 선거에서 단순 다수 대표제를 채택하고 있기 때문입니다. 자유 민주당 후보들은 각 지역 선거구에서 근소한 차이로 떨어진 경우가 많았을 거예요. 득표수가 비슷해도 1위가 아니면 떨어지다 보니 소속 정당은 득표율보다 훨씬 적은 의석을 얻게 되죠. 이게 바로 단순 다수 대표제를 비판하는 사람들이 가장 우려하는 상황이에요. 세력이 큰 정당에 유리하고 소수당에 불리한 방식이라 유권자의 의사를 왜곡할 수 있다는 것이죠. 이뿐만 아니라 1위 외에 나머지 후보에게 주어진 표를 모두 사표로 만든다는 점도 문제고요.

뉴질랜드 역시 선거 제도를 바꾸기 전에 비슷한 상황을 겪었습니다. 거대한 두 정당 중심으로 의회가 구성되었고, 특정 정당이 정책을 일방적으로 추진해도 이를 견제할 시스템이 없었어요. 어떤 정당은 20퍼센트가 넘는 득표율에도 2석밖에 얻지 못했는데, 거대 양당은 95퍼센트가 넘는 의석을 차지한 적도 있었죠. 거대 정당의 표가 부풀려지고 소수 정당의 표는 그 가치를 제대로 평가받지 못한다는 문제의식이 선거 제도 개혁으로 이어진 거예요.

1993년, 뉴질랜드 국민이 도입한 비례 대표제는 기본적으로 유권자가 후보자 개인이 아니라 정당에 투표하고, 정당의 득표율에 비례해서 의석을 배분하는 방식입니다. 의회의 총 의석수가 100석이라고 할 때, A당이 20퍼센트, B당이 30퍼센트, C당이 50퍼센트의 득표율을 확보했다면 A당에 20석, B당에 30석, C당에 50석을 배분하는 방식이죠. 득표한 만큼 의석을 나누기 때문에 유권자의 의사를 의석수에 가장 정확하게 반영할 수 있으며, 소수 정당도 의석을 확보해 의회에 진출할 가능성이 커진다는 장점이 있어요. 특정 다수당이 국가의 중요한 정책을 일방적으로 좌우하는 일을 막을 수 있고, 의회의 의사 결정 과정에서 다양한 가치와 의견을 고려할 수 있죠. 하지만 다양한 소수당이 의회에 진출하는 만큼 거대한 다수당의 등장이 어려워져서 정치적으로 불안해질 수 있다는 단점이 있기도 해요.

현재 스웨덴, 노르웨이, 덴마크 등을 포함해 OECD 회원국 중 상당수의 국가가 비례 대표제만으로 의회 의원 선거를 실

시하며, 다양한 정당이 함께 의견을 공유하고 협력하는 방안을 찾으려 노력하고 있어요. 뉴질랜드를 포함해 우리나라와 일본, 독일 등에서는 다수 대표제와 비례 대표제가 혼합된 방식을 채택하고 있고, 사회의 요구에 따라 조금씩 변화하는 모습을 보이기도 합니다. 그렇다면 우리나라의 선거 제도는 구체적으로 어떤 모습인지 살펴볼까요?

우리나라 선거 제도, 왜 자꾸 바꾸자고 할까?

2020년 4월 15일, 우리나라의 21대 국회 의원 총선거는 전 세계가 주목하는 가운데 진행되었습니다. 코로나19 사태가 심각한 상황에서 유권자들이 소독제로 손을 닦고, 마스크와 일회용 비닐장갑을 착용한 채 치렀죠. 또 이날은 만 18세의 청소년들이 처음으로 선거권을 행사한 날이기도 했어요. 1948년에 선거 연령을 만 21세 이상으로 제한한 최초의 선거 이후 선거 연령을 낮추어야 한다는 목소리가 꾸준히 이어지면서 서서히 변화해 온 결과죠.

대표자를 결정하는 방식에도 많은 변화가 있었습니다. 헌법을 제정한 제헌 국회에서는 선거구마다 1명의 국회 의원을

세계의 국회 의원 선거 제도

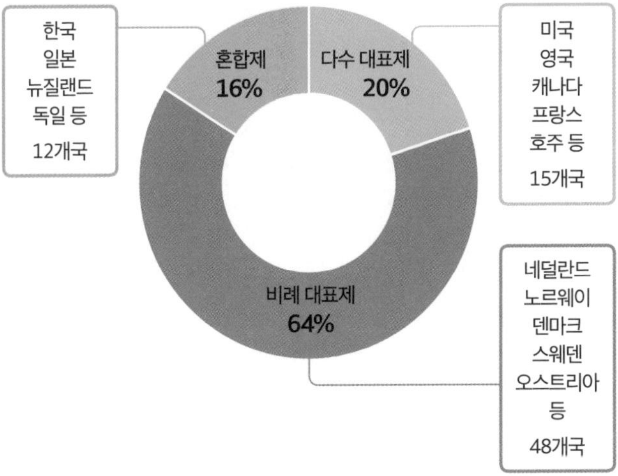

- 혼합제: 다수 대표제와 비례 대표제의 혼합형
- 다수 대표제, 비례 대표제, 혼합제도 세부적인 형태는 다양하나 위의 표에서는 세 가지 기준으로만 분류함
- 2020년 2월 기준, 국회 의원 선거를 실시하는 전 세계 217개 국가 중 EIU 민주주의 지수 6.0 이상인 민주주의 국가 75개국을 대상으로 분석함
- EIU 민주주의 지수: 영국 경제 분석 기관인 '이코노미스트 인텔리전스 유닛'이 전 세계 167개국을 대상으로 민주주의 발전 수준을 평가하는 지수

◦ 출처: 『국회의원 선거제도 한눈에 보기』, FACT BOOK 통권 제77호, 국회도서관, 2020.

선출하는 단순 다수 대표제를 채택했어요. 중간에 변화가 있긴 했지만, 지금도 지역구 의원은 단순 다수 대표제로 선출합니다. 하지만 전국 단위의 비례 대표제가 도입되면서 다수 대표제와 비례 대표제가 혼합된 방식으로 바뀌었어요.

1963년 비례 대표제를 맨 처음 도입했을 때는 거대 정당에 유리한 방식으로 의석을 배분해 본래 취지와 거리가 멀었어요. 그러다가 1987년 6월 민주 항쟁으로 대통령 직선제를 쟁취한 뒤 전국구 선거도 좀 더 비례성을 보장하는 방식으로 바뀌었죠. 우리나라의 비례 대표제는 도입될 때부터 지역구 의석수나 득표율에서 일정 기준을 넘겨야만 의석을 배분받을 수 있다는 진입 장벽이 있었는데, 기준이 점차 완화되어 소수당도 의회에 진출할 가능성이 커졌어요.

2001년 헌법 재판소가 내린 1인 1표제 위헌 결정 역시 비례 대표제의 취지를 살리는 데 도움이 되었죠. 2001년 전까지 지금의 비례 대표에 해당하는 전국구 선거는 유권자가 지역구 후보자를 선택하는 한 표를 행사하고, 그 결과 각 정당이 얻은 지역구 의석수와 득표율에 따라 정당별 비례 대표 의석을 배분하는 방식이었어요. 이러한 제도에서는 자신이 선택한 지역구 후보의 소속 정당과 지지하는 정당이 같은 사람의 의견은 충분히 반영되지만, 무소속 후보자를 선택하거나 자신이 지지하는 후보자가 지지하지 않는 정당에 소속되어 있는 유권자의 의사는 제대로 반영될 수 없었죠. 이에 대해 헌법 재판소가 유권자의 의사를 동등하게 반영하지 않는다는 이유로 위헌 결정을 내리면서, 유권자들은 지역구에서 자신이 원하는 후보자를 선택하는 1표, 지지하는 정당을 선택하는 1표를 각각 행사할 수 있게 되었어요. 그 결과, 유권자의 의사가 더욱 정확하게 반영되었을 뿐 아니라 지역구 선거 결과가 비례 대

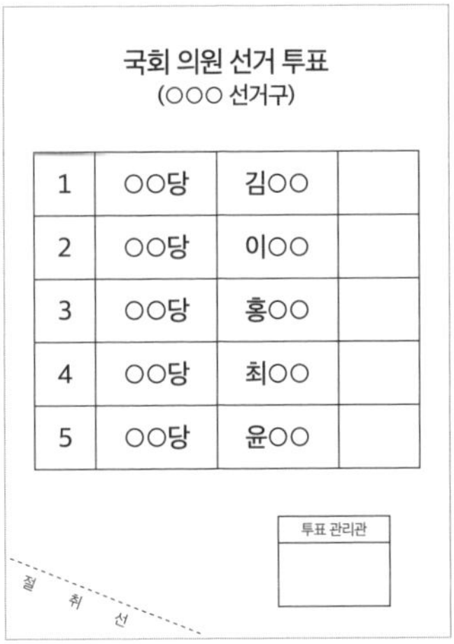

국회 의원 선거 투표
(○○○ 선거구)

1	○○당	김○○	
2	○○당	이○○	
3	○○당	홍○○	
4	○○당	최○○	
5	○○당	윤○○	

투표 관리관

절 취 선

지역구 투표용지

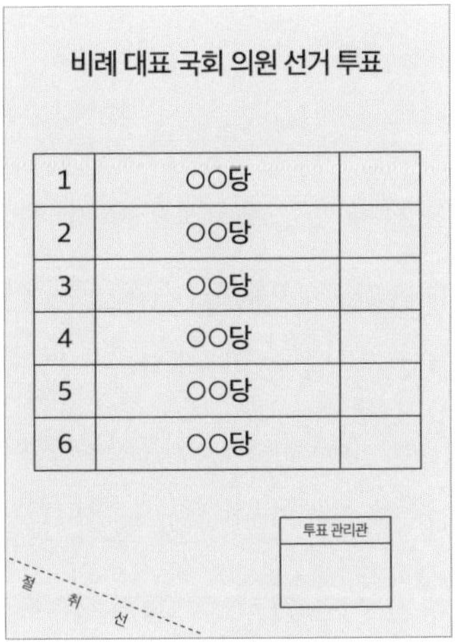

비례 대표 국회 의원 선거 투표

1	○○당	
2	○○당	
3	○○당	
4	○○당	
5	○○당	
6	○○당	

투표 관리관

절 취 선

비례 대표 투표용지

표 의석수를 좌우할 가능성도 줄어들게 되었죠.

하지만 우리나라는 전체 의석수(300석)에서 지역구 의석이 차지하는 비중이 84.3퍼센트에 이르는 데 반해 비례 대표의 비중은 지나치게 적어서 실제로는 단순 다수 대표제에 훨씬 가깝다고 할 수 있었어요. 이러한 문제점 때문에 소수당을 중심으로 비례 대표제를 확대하자는 목소리가 계속 이어져 왔고, 19대 대통령 선거에서 여러 후보가 선거 제도 개혁을 공약으로 내세우기도 했죠.

연동형 비례 대표제를 도입하면 도대체 뭐가 달라지는데?

최근 선거 제도를 둘러싼 논란의 핵심에는 연동형 비례 대표제가 있었습니다. 우리나라처럼 단순 다수 대표제와 비례 대표제를 병행하는 혼합형 선거 제도에는 '병립형'과 '연동형'이라는 두 가지 방식이 있는데, 병립형은 지역구 선거와 정당 투표 결과가 서로 영향을 주지 않고 독립적으로 진행돼요. 20대 국회까지 채택한 방식이죠. 전체 300석의 의석 중 253명의 지역구 의석과 47석의 비례 대표 의석이 별개로 처리되었어요. 이를테면 어떤 정당이 지역구에서 10석을 확보하고 정당 득표율이 12퍼센트였다면, 47석의 비례 대표 의석 중 12퍼센트에 해당하는 5석을 배분받아 총 15석의 의석을 차지하는 거예요.

하지만 2019년 20대 국회에서 연동형 비례 대표제 도입 논의가 뜨거운 관심 속에서 진행되었어요. 물론 정당 간 합의에 실패해 완전한 연동형 비례 대표제를 도입하지는 못했죠. 그런데 연동형 비례 대표제는 기존의 병립형 비례 대표제와 무엇이 다르길래 논란이 된 걸까요?

연동형 비례 대표제를 채택하고 있는 나라로는 뉴질랜드와 독일이 대표적인데, 각 정당이 지역구에서 얻은 의석수와 관계없이 최소한 정당 득표율만큼의 의석수를 보장받게 해요. 먼저 비례 대표 선거에서 얻은 정당 득표율에 비례해 총 의석수를 각 정당에 배분하고, 그 뒤에 지역구 의석수와 연계(연동)해 비례 대표 의석을 결정하기 때문이죠. 예를 들어 지역구에서 10석, 정당 득표율 12퍼센트를 얻은 정당이라면, 전체 300석 중 12퍼센트에 해당하는 36석을 먼저 배분받고 지역구에서 받은 10석을 뺀 26석이 비례 대표 의석이 돼요.

조금 복잡하게 느껴지죠? 비례 대표제와 단순 다수 대표제 중 하나만 선택하면 더 간단할 수도 있지만, 비례 대표제의 장

비례 대표제 의석수 할당 방식

병립형 비례 대표제	연동형 비례 대표제
지역구 10석 정당 득표율 12%	지역구 10석 정당 득표율 12%
↓	↓
비례 대표 5석 (비례 대표 의석 47석 중 12%에 해당하는 의석수)	총 36석 (전체 300석 중 12%에 해당하는 의석수)
↓	↓
총 15석 (지역구 10석 + 비례 대표 5석)	비례 대표 26석 (36석 – 지역구 10석)

점을 살리면서 동시에 의원의 지역 대표성을 살리려는 목적에서 두 가지 방식을 섞은 거예요. 지금도 연동형 비례 대표제를 둘러싸고 여전히 논란이 계속되고 있어요. 정당마다 이해관계와 입장이 다르다 보니 합의를 이루기가 쉽지 않죠. 그래서 2020년에 시행된 총선에서는 완전하지는 않지만 연동형 비례 대표제를 적용하기도 했어요. 하지만 결과적으로 거대 정당의 등장을 막지는 못했습니다. 기존의 대표 정당이 자신들과 정치적 의사가 비슷한 '위성 정당'을 만들어 선거를 치렀고, 선거가 끝나자 위성 정당이 기존 정당과 합치면서 오히려 거대 정당 중심의 양당 구도가 더 심해졌거든요. 이러한 결과는 선거 제도 개혁의 취지를 살리지 못했다는 비판으로 이어졌습니다. 아무리 민주적인 선거 제도를 도입한다고 해도 시민 의식과 정당 문화가 함께 바뀌지 않는다면 효과를 보기 어렵다는 사실을 확인한 결과였죠.

우리는 모두 중요한 한 표를 행사하는 주권자

"선거는 민주주의의 적이다."라는 말을 들으면 어떤 생각이 드나요? 부정 선거나 낮은 투표율, 지역주의, 흑색선전과 같은 것이 떠오르나요? 아예 선거로 대표자를 선출하는 방식 자체가 비민주적이니 추첨으로 국회 의원을 뽑자는 이야기를 듣는다면요? 아마 많은 사람이 무슨 말도 안 되는 소리냐고 반박할 거예요. 보통 우리는 선거를 민주주의의 꽃이자 축제의 장이며, 주권자로서 내 소중한 한 표를 행사하는 중요한 기회라고 생각하니까요. 그리고 전문성을 가진 유능한 사람이 국민의 대표가 되어야 한다고 믿기도 하고요. 그런데 왜 선거 제도를 반대하는 목소리가 있는 걸까요?

프랑스 정치학자 버나드 마넹(Bernard Manin)은 선거가 매우 불평등하고 엘리트 중심적인 대표 결정 방식이라고 주장했어요. 일단 선거 과정에서 자신을 알리는 데 상당히 큰 비용이 든다는 점을 지적했죠. 누군가에게 돈을 주고 표를 매수하는 불법 행위를 하지 않는다고 해도 기본적으로 선거에 출마하려면 꽤 많은 돈이 들잖아요. 능력과 의지가 있어도 가난한 사람은 의원 후보에 출마할 수 없는 거죠. 게다가 선거는 선택된 소수의 뛰어난 사람만이 정치할 자격이 있는 것처럼 보이게 합니다. 누구나 공직을 맡을 수 있도록 제비뽑기로 공직자를 선출했던 고대 그리스 아테네의 방식과는 전혀 다르다고 할 수 있어요.

지금까지 선거 제도의 개선 방안을 고민하다가 갑자기 선거 제도 대신 제비뽑기를 도입하자는 말이냐고요? 물론 아닙니다. 각각의 제도는 나름의 장단점이 있고, 사회적 맥락과 상황을 고려해야 하기에 어떤 방식을 무조건 도입해야 한다고 주장할 수는 없어요. 어떤 방식이든 100퍼센트 완벽한 것은 없을 거예요. 하지만 왜 선거가 민주적이지 않다는 주장이 나오는지는 고민해 볼 필요가 있습니다. 민주주의를 실현하려고 도입한 선거가 사실상 정치 영역에서 많은 사람을 배제하는 방식으로 이루어지고 있지는 않은지 되돌아보자는 거예요. 그래야만 현재 우리의 선거 제도가 나아가야 할 방향을 찾을 수 있을 테니까요. 선거 비용을 국가가 부담하는 선거 공영제의 확대나 청소년 선거권과 여성 공천 할당제의 도입도 그러한 고민과 반성의 과정이 있었기에 가능했던 변화였죠.

"모든 표는 중요하다."

뉴질랜드에서 선거 제도 개혁을 주장하던 시민 단체들이 내건 구호입니다. 이 말에는 정치적 의사 결정 과정에서 배제되는 사람 없이 모두가 주권자로서 동등하게 존

여성 공천 할당제
남성 중심의 정치 문화에서 여성의 공직 진출을 활성화하기 위해 각 정당이 일정 비율 이상의 지역구와 비례 대표 후보를 여성에게 할당해 공천하도록 한 제도다.

중받고 선거에 참여할 수 있어야 한다는 의미가 담겨 있어요. 민주주의가 주권자의 결정으로 공동체를 운영하는 체제라면, 오늘날과 같이 대의제가 지배적인 상황에서 어떤 선거 제도를 채택할 것인가는 결국 민주주의를 어떻게 구현할 것인가의 문제라고 볼 수 있겠죠.

물론 나치당과 히틀러가 합법적인 선거를 통해 집권했듯이 선거 제도만으로 민주주의가 완성되는 것은 아닙니다. 민주적인 제도가 본래의 의미와 목적을 달성하려면 먼저 주권자인 우리가 모두 자신의 소중한 한 표를 행사하는 것이 중요해요. 그 과정에서 각 정당이나 후보의 공약과 정책을 꼼꼼히 살펴보고 우리 사회에 꼭 필요하다고 생각되는 정당과 후보를 선택해야겠죠. 하지만 주권자로서 우리에게 요구되는 의무는 주어진 선택지 중에서 가장 좋은 것을 고르는 일만은 아니에요. 현재 우리 사회가 채택하고 있는 선거 제도가 민주주의를 실현하는 데 적합한지 비판적으로 성찰하는 것 또한 우리의 역할임을 잊지 말아야 해요. 그런 관심과 참여를 통해서만 우리는 진정한 주권자가 될 수 있으니까요.

놓치지 마요

선거 핫&이슈 ▼

학생의 정치 활동 제한 교칙을 수정하는 학교들

선거법 개정에 따라 만 18세 청소년도 선거에 참여할 수 있게 되었지만, 여전히 많은 고등학교에서 학생의 정당 가입과 정치 활동을 제한하고 있다. 학생의 정치적 권리 행사를 막는 교칙은 헌법뿐 아니라 국회 의원 선거권이 있으면 누구나 정당의 발기인이나 당원이 될 수 있도록 규정한 정당법에도 위배된다. 각 시도 교육청은 학교에 공문을 보내 해당 학칙을 수정하도록 권고하고 있다.

청소년 모의 투표 선거법 위반 논란

중앙 선거 관리 위원회는 2020년 2월 초·중·고등학생을 대상으로 하는 모의 투표에 대해 공직 선거법 위반 소지가 있다고 판단했다. 교사의 정치적 성향이 학생들에게 영향을 끼칠 수 있으며, 특히 선거를 앞둔 시기에 모의 투표를 하는 것이 선거 결과에 영향을 끼칠 수 있다는 점이 주된 이유였다. 이에 대해 전 세계의 많은 나라가 민주 시민 교육의 일환으로 모의 투표를 장려하고 있다며 참정권 확대의 의미를 퇴색시키는 시대착오적인 판단이라는 비판도 제기되고 있다.

지방 의원 정당 공천제, 폐지해야 할까?

21대 국회 의원 선거 과정에서 발생한 공직 선거법 위반 혐의 선고 공판을 앞두고 지방 의원 정당 공천제 폐지를 주장하는 목소리가 높아지고 있다. 현행 공직 선거법에서는 교육감을 제외한 모든 공직 선거에서 정당의 공천을 허용하고 있다. 그 결과, 지방 의회 의원들이 정당의 공천을 받기 위해 지역 살림보다 중앙의 당쟁이나 당론에 더욱 신경을 쓰고, 해당 지역구 국회 의원이나 특정 정당에 예속되어 중앙 정치가 지방 정치를 통제할 수 있다는 점에서 오랫동안 문제가 제기되어 왔다.

선 거 토 론

비례 대표제 확대는 바람직한 변화일까?

○ 찬성 ○

1. 비례 대표제 확대는 국민의 의사를 더욱 정확하게 반영할 수 있다

비례 대표제는 사표의 발생을 최소화하며, 득표율보다 더 많은 의석을 배분받는 과대 대표, 득표율보다 더 적은 의석을 배분받는 과소 대표 현상을 방지할 수 있다. 이처럼 비례성을 강화함으로써 국민의 의사를 더욱 정확하게 반영하는 데 도움이 될 것이다.

2. 비례 대표제 확대는 의회 내의 다양성을 높일 수 있다

비례 대표제를 확대하면 소수 정당의 의회 진출 가능성이 커질 뿐 아니라 여성, 장애인, 청년 등을 포함해 다양한 직능 대표들이 비례 대표 후보로 진출함으로써 의회 내에 다양성을 확보할 수 있다.

3. 비례 대표제 확대로 지역 이익만 중시하는 문화를 바꿀 수 있다

지역구 국회 의원은 국가 전체의 이익보다 자신이 소속된 지역의 이해관계를 중심으로 판단할 가능성이 크나 비례 대표 의원은 특정 지역의 이해관계에 매몰될 위험성이 낮다. 또 우리나라의 심각한 문제이기도 한 지역주의를 완화하는 데도 도움이 될 수 있다.

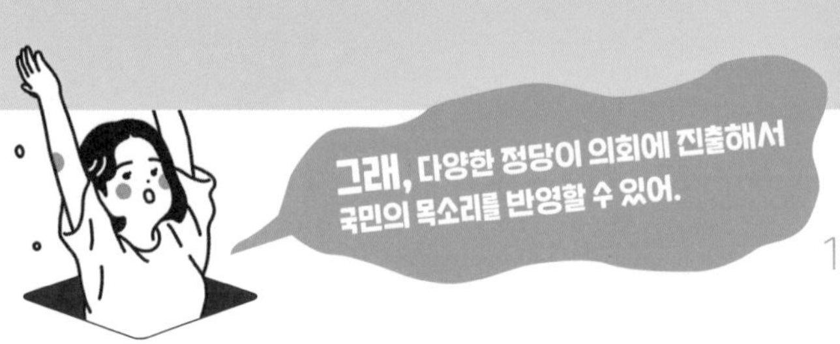

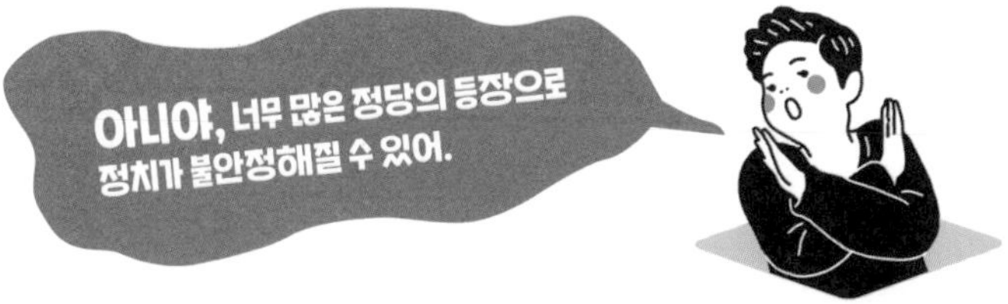

✖ 반대 ✖

1. 비례 대표제 확대는 정당의 영향력을 강화할 뿐이다

단순히 비례 대표제를 확대한다고 해서 국민의 의사가 더욱 정확하게 반영된다고 단정할 수 없다. 정당 민주주의가 확립되지 않은 상태에서 비례 대표제가 확대되면, 정작 국민은 실질적인 영향력을 행사하지 못한 채 정당의 지도부에게 권력이 집중될 위험도 있다.

2. 다양성의 확대가 정치적 불안과 혼란을 초래할 위험이 크다

비례 대표제만을 실시하는 많은 국가가 다양한 소수당의 등장으로 연립 정부를 수립한다. 이때 정당 간 협의가 충분히 이루어지지 않으면 연립 정부가 분열되고 잦은 총선거를 치러야 하는 위험이 있다. 대통령제를 채택하는 국가에서도 많은 소수당의 등장은 정책이나 법률 제정 과정에서 갈등이나 혼란을 초래할 수 있다.

3. 비례 대표제 확대는 지역의 정치적 의견을 축소할 수 있다

비례 대표 의원은 유권자보다 소속 정당에 충성할 가능성이 크다. 특히 전국 단위의 비례 대표제가 실시되면 유권자와 국회 의원 간에 친밀도가 낮아지거나 당적이 없는 무소속 후보가 출마할 기회가 사라지는 문제도 생길 수 있다.

참고 자료

능력주의

『공정하다는 착각』, 마이클 샌델 지음, 함규진 옮김, 와이즈베리, 2020.
『엘리트 세습』, 대니얼 마코비츠 지음, 서정아 옮김, 세종서적, 2020.
『능력주의는 허구다』, 스티븐 J. 맥나미·로버트 K. 밀러 주니어 지음, 김현중 옮김, 사이, 2015.
『불안』, 알랭 드 보통 지음, 정영목 옮김, 은행나무, 2011.
『나는 이 세상에 없는 청춘이다』, 정상근 지음, 시대의창, 2011.
「메리토크라시 논의의 현대적 쟁점」, 『제24차 KIPA 공공리더십 세미나 자료집』, 이시철, 한국행정연구원, 2020.
「왜 부모를 잘 둔 것도 능력이 되었나?」, 『사회과학연구』 제55집 제2호, 강준만, 강원대학교 사회과학연구원, 2016.
『사회통합 실태진단 및 대응방안 II - 사회통합과 사회이동』, 여유진 외 6인, 한국보건사회연구원, 2015.
「코로나로 학원 문 닫혔어도 사교육비差 좁히지 못했다」, 김소라, 〈서울신문〉, 2021. 3. 10.

가짜뉴스

『가짜뉴스의 고고학』, 최은창 지음, 동아시아, 2020.
『도대체 가짜 뉴스가 뭐야?』, 카롤리네 쿨라 지음, 김완균 옮김, 비룡소, 2020.
『포스트트루스』, 리 매킨타이어 지음, 김재경 옮김, 정준희 해제, 두리반, 2019.
「가짜뉴스를 판별하는 방법」, 국제 도서관 협회 연맹, 2017.
「"알코올이 코로나에 좋다"…가짜뉴스에 최소 800명 사망」, 이재영, 〈연합뉴스〉, 2020. 8. 13.
「당신이 혹했던 '코로나 속보'… 따져 보니 가짜뉴스」, 채지선, 〈한국일보〉, 2020.4.25.
「외계인 침공 드라마, 실제 뉴스로 착각한 이유는」, 김재한, 〈중앙SUNDAY〉, 2016. 10. 30.

포퓰리즘

『위험한 민주주의』, 야스차 뭉크 지음, 함규진 옮김, 와이즈베리, 2018.

『브렉시트를 대비하라』, 조명진 지음, 한국경제신문, 2016.

「어려운 시대에 있어서의 정치교육-민주주의에 대한 도전으로서 포퓰리즘」, 『헌법연구』 제4권 제2호, 옌스 휴트만, 헌법실무학회, 2017.

「포퓰리즘 정치 개념 고찰」, 『한국정치학회보』 제51집 제4호, 김현준·서정민, 한국정치학회, 2017.

「커뮤니케이션 관점으로 본 포퓰리즘의 등장과 대의 민주주의 위기」, 『커뮤니케이션 이론』 12권 4호, 백영민, 한국언론학회, 2016.

「포퓰리즘과 민주주의」, 『이베로아메리카 연구』 제23권 제2호, 서병운, 서울대학교 라틴아메리카연구소, 2012.

「한국 포퓰리즘 담론의 철학적 검토: 현실능력 있는 포퓰리즘의 작동편제와 작동문법 탐색」, 『시민사회와 NGO』 제4권 제1호, 홍윤기, 한양대학교 제3섹터연구소, 2006.

「포퓰리즘에 대한 이론적 검토」, 『시민사회와 NGO』 제4권 제1호, 주정립, 한양대학교 제3섹터연구소, 2006.

「포퓰리즘의 개념 규정을 위한 시도」, 『대한정치학회보』 제13권 제1호, 주정립, 대한정치학회, 2005.

「김호기의 굿모닝 2020s」, '불평등·정치혐오가 불러낸 포퓰리즘…민주주의와 불편한 공생', 김호기, 〈한국일보〉, 2019. 12. 24.

혐오

『타인에 대한 연민』, 마사 누스바움 지음, 임현경 옮김, 알에이치코리아, 2020.

『선량한 차별주의자』, 김지혜 지음, 창비, 2019.

『혐오, 교실에 들어오다』, 이혜정 외 지음, 살림터, 2019.

『말이 칼이 될 때』, 홍성수 지음, 어크로스, 2018.

「혐오표현 리포트」, 국가 인권 위원회, 2019.

「혐오 차별 국민 인식 조사」, 국가 인권 위원회, 2019.
「혐오 표현에 대한 청소년 인식 조사」, 국가 인권 위원회, 2019.
「현대의 혐오: 인터넷과 혐오」, 김민정, 〈2020 티앤씨재단 APOV 컨퍼런스 'Bias, by us'〉, 2020.

성평등

『보이지 않는 여자들』, 캐럴라인 크리아도 페레스 지음, 황가한 옮김, 웅진지식하우스, 2020.
『침묵에서 말하기로』, 캐럴 길리건 지음, 이경미 옮김, 심심, 2020.
『도대체 페미니즘이 뭐야?』, 율리아네 프리세 지음, 전은경 옮김, 비룡소, 2020.
『제2의 성』, 시몬 드 보부아르 지음, 조홍식 옮김, 을유문화사, 2016.
『2016 여성혐오 엔터테인먼트』, 아이즈 편집부 지음, 아이즈북스, 2016.
『처음 만나는 문화인류학』, 한국문화인류학회 지음, 일조각, 2003.
『세 부족 사회에서의 성과 기질』, 마거릿 미드 지음, 조혜정 옮김, 이화여자대학교출판부, 1998.
「2020 통계로 보는 여성의 삶」, 통계청, 2020.
「경력 단절 이전 여성은 차별받지 않는가?」, 『한국사회학』 제53집 제1호, 김창환·오병돈, 한국사회학회, 2019.

선거

『연동형 비례대표제란 무엇인가』, 조성복 지음, 지식의날개, 2020.
『개헌과 선거제도 개혁에 관한 모든 것』, 백상진·김예찬 지음, 루아크, 2018.
『선거제도의 이해』, 데이비드 파렐 지음, 전용주 옮김, 한울아카데미, 2017.
『미국 헌법과 민주주의』, 로버트 달 지음, 박상훈·박수형 옮김, 후마니타스, 2016.
『선거는 민주적인가』, 버나드 마넹 지음, 곽준혁 옮김, 후마니타스, 2004.
『선거제도와 정치적 상상력』, 박동천 지음, 책세상, 2000.

『파리대왕』, 윌리엄 골딩 지음, 유종호 옮김, 민음사, 1999.
『국회의원 선거제도 한눈에 보기』, FACT BOOK 통권 제77호, 국회도서관, 2020.
『2010 영국총선의 분석과 향후 전망』, 김영일 · 이정진 · 김지, 국회입법조사처, 2010.
「'학생 정치활동 제한' 교칙 수정 나선 학교들」, 박장미, 〈충청일보〉, 2020. 2. 18.
「첫 투표권인데…고교 둘 중 한 곳 '정치활동 하지 마'」, 최인진, 〈경향신문〉, 2020. 2. 17.
「정권교체 → 정책뒤집기…'연동형 비례' 뒤 확 줄었다」, 김미나, 〈한겨레〉, 2019. 3. 21.

사진 저작권

45쪽_ 연합뉴스
63쪽_ 연합뉴스
115쪽_ 연합뉴스
144쪽_ 연합뉴스

MEMO

사회를 달리는 십대: 사회·문화

초판 1쇄 펴낸날 2021년 5월 31일
초판 3쇄 펴낸날 2022년 4월 29일

지은이 황정숙 송현정 옹진환 이상인
그린이 PINJO
펴낸이 홍지연

편집 고영완 정아름 전희선 조어진
디자인 전나리 박태연 박해연
마케팅 강점원 최은 이희연
경영지원 정상희

펴낸곳 ㈜우리학교
출판등록 제313-2009-26호(2009년 1월 5일)
주소 03992 서울시 마포구 동교로23길 32 2층
전화 02-6012-6094
팩스 02-6012-6092
홈페이지 www.woorischool.co.kr
이메일 woorischool@naver.com

ISBN 979-11-90337-78-6 43300